U. G. E. **10|18**

12, avenue d'Italie - PARIS XIIIe

« Bibliothèque médiévale »

Abélard et Héloïse, *Correspondance* (P. Zumthor), n° 1309.

Anthologie des troubadours (P. Bec), édition bilingue, n° 1341.

Geoffroy Chaucer, *les Contes de Cantorbéry* (J. Dor), n° 2153.

Robert de Clari, *la Conquête de Constantinople* (A. Micha), n° 2231.

Le Diable et la Vierge (M. Lazar), n° 2138.

Lancelot, Roman du XIIIᵉ siècle (A. Micha), nᵒˢ 1583 et 1618.

La Mort du roi Arthur (M.-L. Ollier), n° 2268.

Poèmes d'amour des XIIᵉ-XIIIᵉ siècles (E. Baumgartner et F. Ferrand), n° 1581.

Le Roland occitan (G. Gourian et R. Lafont), n° 2175.

Les Vies de troubadours (M. Egan), n° 1663.

POÈMES D'AMOUR
DES XIIᵉ et XIIIᵉ SIÈCLES

Textes suivis d'exemples
musicaux présentés et traduits
par Emmanuèle BAUMGARTNER
et Françoise FERRAND

ÉDITION BILINGUE

« Bibliothèque médiévale »
dirigée par Paul Zumthor

NOTE DE L'ÉDITEUR

Lancée au sein de la série 10/18, cette collection a pour but d'offrir à un très large public des moyens d'accès direct à la culture du Moyen Âge. Elle répond ainsi à une demande sensible, en France et à l'étranger, depuis quelques années, demande dont témoigne aussi bien le succès des thèmes et images médiévaux dans des domaines comme le cinéma, la télévision ou la bande dessinée. Jusqu'ici plusieurs obstacles gênent, pour les non-spécialistes, cet accès direct : ils tiennent à la fois au mode d'édition et aux difficultés propres à la langue médiévale.

D'une part, diverses maisons d'édition littéraire ont publié en traduction un petit nombre des textes où s'est exprimé le Moyen Âge; mais la traduction seule, par l'inévitable modernisation qu'elle implique, dénature plus ou moins l'original, et peut en fausser la compréhension, en empêcher la perception juste.

D'autre part, plusieurs maisons d'édition de caractère universitaire publient des collections de textes originaux, dignes de toute confiance sur le plan historique, mais destinées de façon spécifique à l'enseignement, à la recherche, et pourvues à cette fin d'un appareil, parfois considérable, d'érudition.

Un facteur accroît ces difficultés, que rencontre tout amateur des choses médiévales : parmi les très nombreux textes que nous a légués, en manuscrit, le Moyen

7

Âge, seul un nombre assez restreint a été l'objet d'éditions multiples, de rééditions et d'un effort de diffusion qui l'a mis en vedette. Or, le choix de cette « élite » de textes n'a souvent été dicté que par d'anciennes routines, sinon par une idée préconçue et conventionnelle de la civilisation médiévale; il demande à être élargi.

La collection Moyen Âge vise à surmonter ces obstacles, tout en faisant bénéficier sa clientèle des avantages que comporte le livre de poche. Elle se limitera toutefois, en principe, à procurer des textes qui furent écrits en ancien français, sans s'interdire d'en présenter parfois qui le furent en latin ou en occitan ancien. Tous les volumes de la collection donneront le texte original, accompagné, soit d'une traduction (littérale et uniquement destinée à permettre au lecteur de le déchiffrer sans peine), soit (s'il s'agit de textes plus récents et relativement faciles) d'un lexique des mots rares ou désuets. Texte et traduction seront établis par des médiévistes qualifiés, selon les meilleures méthodes philologiques; mais ils seront publiés sans appareil érudit ni notes critiques qui pourraient alourdir la lecture. Une introduction fondée sur les recherches les plus récentes présentera le texte en le replaçant dans son contexte historique et culturel.

Quant au choix des textes qu'offrira la collection, il sera dicté par une intention de découverte, par le désir de guider les lecteurs, soit vers des secteurs moins connus mais révélateurs de la civilisation médiévale, soit vers des œuvres majeures mais qui aujourd'hui encore restent introuvables, faute d'éditions, ou le sont devenues faute de rééditions. Dans la mesure du possible on fera alterner la parution de textes plus anciens (XIe-XIIIe siècles) et de textes plus récents (XIVe-XVe). Les textes courts seront regroupés en anthologies centrées sur un genre, un thème ou un style.

REPÈRES

Aborder la première poésie lyrique en langue française, celle des trouvères, c'est d'abord la situer dans son rapport à la lyrique d'oc, celle des troubadours. C'est en effet en terre occitane et au tout début du XIIᵉ siècle que naît avec Guillaume IX (1071-1126), duc d'Aquitaine, comte de Poitiers, la poésie lyrique en langue profane. Grands seigneurs comme Guillaume IX ou Jaufré Rudel, prince de Blaye, roturiers attachés à des cours nobles comme Bernart de Ventadour ou, plus souvent, chevaliers de moyenne ou de petite noblesse, les troubadours nous ont légué des chants, appelés en langue d'oc *cansos,* qui, tant par leur perfection formelle que par la nouveauté de leurs thèmes, ont joué un rôle déterminant dans la formation de notre langue poétique. Cette influence a été en tout premier lieu soulignée par Dante qui, fondant par ses œuvres de réflexion et par ses vers la langue italienne et sa poétique, a reconnu tout à la fois l'excellence des troubadours et des trouvères et l'importance de leur œuvre, véritable berceau de la poésie européenne.

Nous ne savons pas exactement selon quelles voies — la part de la transmission orale fut sans doute décisive — la lyrique des troubadours a pénétré dans le domaine d'oïl et a conquis le public des cours seigneuriales de la France du nord. Le rôle de Marie de Champagne, descendante, par sa mère Aliénor d'Aquitaine, de Guillaume IX, et dont la cour a été un des grands centres littéraires du XIIᵉ siècle [1] fut certainement très important. Quoi qu'il en soit, dès les années 1170-1180, à l'imitation des poètes occitans, des chevaliers tels Gace Brulé ou Gautier de Dargies, des seigneurs de plus haute noblesse comme le Châtelain de Coucy mais aussi des hommes de plus modeste condition comme Blondel de Nesle composent des *chansons* qui reprennent en langue d'oïl les thèmes et les formes des *cansos*. Ces poètes musiciens de la France du nord, que l'on désigne souvent du nom de trouvères, sont avec les troubadours les fondateurs parfois trop méconnus de notre poésie, forment sa conscience, sa mémoire, son premier et parfait langage.

Troubadours et trouvères ont consacré l'essentiel de leur art, de leurs talents de musiciens et de poètes, à la célébration de l'amour. Alchimistes de l'écriture, ils ont à travers elle sublimé, transmuté le sentiment amoureux et inventé la *fin'amor*. Ils ont fait de la *force d'amors*, du désir pour la femme, une valeur en soi et, sans doute, par l'élévation qu'ils lui ont conférée, la valeur suprême, capable de fonder une éthique de la sexualité. Ils ont inlassablement répété que l'amour, à travers l'épure de la *fin'amor*, pouvait être pour l'amant source de toutes perfections, de toutes vertus. Le chant se fait ainsi rituel du culte de la dame, liturgie parallèle à celle qui magnifie Dieu. Dans le *service d'amour*, l'amant abdique sa volonté propre entre les mains de la

1. C'est à sa cour, semble-t-il, que Chrétien de Troyes a tenté la première transposition en langue d'oïl – la première du moins qui nous soit parvenue – de la *canso* des troubadours. Les deux chansons qui lui sont sûrement attribuées, intéressantes au plan de l'histoire littéraire, sont d'un élève appliqué mais peu inspiré des poètes d'oc.

dame, comme le mystique s'abandonne à Dieu, comme le vassal se soumet à son seigneur terrestre. Mais la distance, *l'amour de loin,* que le code lui-même crée entre l'amant vassal et la dame souveraine rend presque impossible, toujours différée, la récompense, la joie de la possession, qui serait peut-être la mort du désir. La *fin'amor* se vit comme une quête de joie toujours recommencée. L'amant ne peut que dire le désir et le chant reste son seul recours.

L'invention de ces poètes est ainsi d'avoir lié amour et écriture, amour et chant, d'avoir fait du désir de l'autre la source vive de l'écriture poétique mais aussi la condition et la garantie mêmes de son excellence. Comme le dit de manière décisive Gautier de Dargies, l'un des plus anciens trouvères :

> ... De celui u l'amours est plus granz
> convient mouvoir les chans fors et pesans;
> qui mainz aime, de lui convient issir
> les febles chanz que chacuns puet furnir;
> qui ne le set, demant le as fins amans.

(C'est du cœur où l'amour est le plus grand que naissent les chants pleins de noblesse et de puissance; quand il est faible et médiocre, coulent des vers faciles que chacun peut composer; qui ne le sait, qu'il le demande aux amants véritables.)

Il est très difficile, par-delà les siècles, de démêler l'enchevêtrement des sources idéologiques, thématiques, formelles, de cette conception de l'amour. Ont pu intervenir, dans des proportions qui nous échappent, la poésie médiévale latine, la tradition biblique, avec le grand chant d'amour du *Cantique des Cantiques* tellement lu et commenté au XIIe siècle mais aussi bien la poésie hispano-arabe dont les motifs et les structures strophiques préfigurent sur plus d'un point la poésie des troubadours. Il est bien évident cependant que, dans le dernier tiers du XIIᵉ siècle, les trouvères reprennent et cultivent une tradition déjà fortement constituée. L'emprunt, au reste, est tout aussi conscient que délibéré. L'originalité n'est pas leur premier souci. Loin d'éviter les chemins battus, l'art des trouvères consiste au contraire à reprendre les mêmes motifs, les mêmes métaphores, les mêmes attitudes connus et reconnus de tous, à recommencer sans relâche le chant jusqu'à trouver peut-être, dans la plénitude de la joie, la forme définitive ou, comme l'a dit Mallarmé, « la frappe unique, matériellement la vérité ». Ambition démesurée puisqu'elle vise, en fait, à retrouver le secret de Dieu qui seul détient le pouvoir d'un langage où dire signifie amener de l'essence à l'existence.

C'est peut-être l'importance des enjeux de cette écriture, son élévation, l'ambiguïté de ses métaphores, calquées aussi bien sur le rituel féodal que sur le service de Dieu, qui expliquent l'orientation religieuse qu'elle prend, à partir du XIIIᵉ siècle, chez un nombre assez important de trouvères qui consacrent alors certains de leurs chants à Dieu et à la Vierge.

Dès le XIIᵉ siècle déjà, la chanson de croisade dit l'ardeur mystique de la chevalerie et célèbre le Seigneur Dieu dans une poésie engagée et militante. Plus tardives, à l'image celles-ci du culte de la dame, et reprenant bien souvent le moule formel de la chanson d'amour profane, les chansons mariales du XIIIᵉ siècle où s'illustre surtout le groupe nombreux des trouvères arrageois, célèbrent la femme entre toutes les femmes, la Vierge, et l'amour inaltérable qu'elle dispense à ses fidèles.

Qu'elle chante selon un rituel quasi immuable la *fin' amor*, l'amour de la Vierge ou l'amour de Dieu, cette

12

poésie que certains manuscrits qualifient eux-mêmes de « grand chant » est l'expression d'une voix d'homme s'élevant solitaire d'un lieu et d'un espace abstraits. Mais à côté de ces chants hiératiques, d'une grande unité thématique et hautement formalisés, les trouvères ont également composé de multiples pièces d'inspiration plus variée, plus libres dans leur écriture, où les femmes assument des rôles plus divers et, parfois, prennent elles-mêmes la parole. Poèmes dont les thèmes, populaires, folkloriques, remontent, sans doute, à des temps très anciens, dans lesquels se déploie tout l'imaginaire des fontaines, des vergers et des prés, que traversent parfois les fées, que hantent plus souvent jeunes femmes et jeunes filles, tristes ou provocantes, princesses ou bergères, nous confiant dans la fragilité de l'instant, dans la vivacité d'un dialogue ou d'une plainte, une brève histoire d'amour.

Les trouvères ont enfin composé de nombreuses chansons à danser car, au XIIIᵉ siècle, comme l'a joliment dit Joseph Bédier, « l'on dansait aux chansons ». Ainsi des gracieux rondets de carole que nous a notamment conservés le *Roman de la Rose* de Jean Renart, chantés avec alternance d'un *chante-avant* ou coryphée et du chœur des danseurs reprenant le refrain. Cette cellule initiale du rondet de carole a généré les trois formes de chansons de danse que sont à l'origine le rondeau, la ballette – qui deviendra la ballade – et le virelai. Dès la fin du XIIIᵉ siècle cependant, ces pièces peuvent devenir des compositions savantes, complexes, témoignant d'un art musical consommé, tels les rondeaux polyphoniques d'Adam de la Halle, et qui ne sont plus destinées à la danse.

En soi, le principe d'une anthologie peut paraître discutable. le respect d'une œuvre, de son sens, implique qu'on la propose en entier, sans faire intervenir un quelconque jugement de valeur pour exclure un certain nombre de pièces et en retenir d'autres. Si nous nous y sommes résolu, c'est que ce principe même de l'anthologie préside, dès le XIIIᵉ siècle, à la constitution de recueils de pièces lyriques, en occitan comme en français, que l'on appelle des *chansonniers*. Associant unité et diversité ces gros recueils ne furent pas organisés avec le propos de donner l'œuvre de chaque trouvère dans sa totalité, mais ils présentent un choix plus ou moins étendu de pièces, signées ou anonymes. Nous ne sommes ainsi jamais sûrs de posséder toute l'œuvre d'un trouvère et d'autre part, d'un chansonnier à l'autre, une chanson est souvent attribuée à des auteurs différents. Enfin, le texte des chansons, l'ordre et le nombre des strophes et des envois peuvent varier de façon sensible selon les chansonniers.

Le manuscrit Arsenal 5198 (appelé ms. *K*) constitue avec, notamment, les manuscrits *M* (B.N. 844), *N* (Paris B.N. 845) et *O* (B.N. 846) une vaste anthologie de ce genre. Il donne successivement les chansons de grands trouvères comme Thibaut de Champagne (qui ouvre le recueil, au mépris de toute chronologie) Gace Brulé, le Châtelain de Coucy, Blondel de Nesle, etc. puis une suite de pièces anonymes qui sont aussi bien des chansons courtoises que des poèmes de différents genres. Par fidélité à l'esprit médiéval, nous nous sommes largement inspiré de la composition de ce recueil, des choix qu'il a faits, de la hiérarchie qu'il a instituée entre les trouvères, pour constituer le nôtre. Mais, aussi bien pour établir les textes des chansons que pour donner à lire des genres non représentés dans ce manuscrit, nous avons dû puiser dans d'autres recueils. Nous avons ainsi utilisé le manuscrit *U* (B.N 20050) qui donne seul un certain nombre de chansons de toile et le manuscrit *I* (Oxford, Douce 308) seul manuscrit de ballettes et d'estampies.

A sa naissance, la langue française était lisse et douce comme un caillou, claire et souple. Elle se pliait aux vers qu'adoptèrent aussi bien la poésie lyrique que la chanson de geste et le roman. Mais tandis que la chanson de geste et le roman se chantent ou se récitent en de larges pans, le poème lyrique, chant et vers indissolublement liés, s'inscrit dans l'espace étroit, mesuré, contraignant de la strophe, comme l'enluminure, dans son carré parfait, s'oppose au déroulement de la fresque. La densité de cette écriture poétique, les règles rigoureuses auxquelles elle se soumet, les métaphores codées qu'elle utilise, la perfection formelle à laquelle elle atteint souvent et, surtout, la complexité de ses rythmes que seule la lecture du texte original permet d'apprécier, rendent difficile, parfois désespéré, tout essai de traduction. Il s'agit pourtant de notre propre langue, mais que le temps nous a rendue comme étrangère. En prenant le risque d'une traduction aussi fidèle que possible à la lettre comme à l'esprit de ces chants, notre seul désir a été d'inciter le lecteur à retourner à cette poésie première, à sa langue, pour qu'il renoue avec elle et retrouve la familiarité perdue avec les fondements lointains de notre mémoire.

I

« A VOUS, AMANT, PLUS K'A NULLE AUTRE GENT »

(Le Châtelain de Coucy.)

GRANDS CHANTS

Lent, comme immobile dans sa grandeur secrète, la tension du désir inscrite dans l'extrême difficulté formelle, hors de l'espace et hors du temps, le « grand chant » étire la courbe parfaite de vers réguliers, harmonieux. A l'image des tropes que les moines composèrent, dans le silence des monastères, pour élever leur appel vers Dieu, le « grand chant » s'invente, au plus profond du cœur, lorsque les yeux de l'amant se fixent sur l'image de la Dame, lorsqu'il préfère la contemplation intérieure de son amour à toute réalité.

Les trouvères affirment, à la suite des troubadours, que la sincérité et la ferveur en amour sont les conditions indispensables à l'écriture poétique et musicale. A l'élévation du sentiment amoureux correspond la grandeur formelle. Ainsi se réalisent, dans ces compositions, l'ordre et l'harmonie, fondement de l'esthétique médiévale.

Conformément à cette esthétique, l'organisation des strophes du « grand chant » se fait dans une recherche des justes proportions et selon des règles strictes. Le poème est formé de strophes, en nombre variable, le chant de cinq strophes étant cependant le plus répandu. Chaque strophe comporte deux parties traditionnellement dénommées depuis Dante, *frons* et *cauda*. La *frons* est de quatre vers. Les rimes y observent la disposition : ab ab ou ab ba. Dans la *cauda,* le nombre des vers, dont les rimes sont différentes des rimes de la *frons,* est libre.

Souvent inscrite dans la perfection du carré, la strophe du grand chant comprend généralement huit vers décasyllabes à la coupe dissymétrique 4/6. Mais à côté de ces strophes isométriques, on peut trouver également des strophes hétérométriques. Ainsi par exemple de la pièce n° XIII du Châtelain de Coucy ou des chansons anonymes aux formes plus variées.

La *canso* des troubadours est très souvent écrite en *coblas* ou strophes *unissonnans,* c'est-à-dire que chaque strophe reprend dans le même ordre les rimes de la strophe initiale. Cette technique difficile n'est pas inconnue, loin de là, des trouvères. Beaucoup, cependant, écrivent en *coblas doblas,* soit avec un même schéma de rimes sur deux strophes et, parfois, en *coblas singulars,* les rimes variant alors à chaque strophe. Cependant, si les trouvères s'adonnent moins que les troubadours aux recherches formelles, les meilleurs d'entre eux ne les ignorent pas non plus, dans la mesure où elles sont en harmonie avec la complexité de la « fin'amor ». Ainsi, *De bone amour et de loial amie,* de Gace Brulé, chante à la fois l'obsession amoureuse, la contemplation narcissique du désir, l'encerclement où le poète s'enferme jusqu'à la mort en ayant pour seule délivrance le poème lui-même dont la forme atteint le comble de la difficulté, avec des recherches analogues à celles de Baudelaire dans *Harmonie du soir* [1].

Le « grand chant » se termine bien souvent par quelques vers qui reprennent les rimes de la strophe précédente et qui constituent l'envoi. Ces vers disent parfois le nom du destinataire ou du jongleur chargé

1. Rapprochement déjà signalé par R. Dragonetti, *la Technique des trouvères...* p. 454.

d'exécuter la chanson, bien souvent aussi le *senhal,* le pseudonyme par lequel le poète tout à la fois nomme et dissimule la dame aimée. Un des manuscrits que nous avons souvent utilisé, le manuscrit *K,* supprime systématiquement ces envois, évacuant ainsi, et sans doute à dessein, tous les éléments biographiques pour ne laisser subsister que l'absolu du chant.

Une originalité de la chanson des trouvères est la présence, assez fréquente, d'un refrain. Présence très tôt attestée puisque des exemples s'en trouvent déjà chez Gace. De caractère souvent popularisant, préexistant à la chanson, le refrain fonctionne ainsi comme citation, introduit souvent, par son contenu même, un effet de contraste et attire insensiblement la chanson dans la mouvance d'un lyrisme plus facile, célébrant un amour vécu en dehors ou en marge du code et du rituel courtois.

Chaque chanson a sa mélodie, répétée de strophe en strophe, et l'art du *trobar* est aussi invention musicale. Beaucoup de ces mélodies hélas, sont maintenant perdues. On a pu cependant remarquer que certaines pièces ont été composées suivant le même schéma strophique, le même schéma de rimes et la même mélodie qu'une chanson préexistante. On les appelle des *contrafactures.* Ce peut être des chansons profanes comme notre pièce n° XXV, mais souvent aussi des chansons à Dieu ou à la Vierge. Généralement, elles reprennent le premier vers de la chanson source et sont ainsi aisément repérables.

Genre majeur et genre royal de la lyrique médiévale, le *grand chant,* selon l'expression proposée au moins par le chansonnier d'Oxford pour désigner ces compositions, s'impose, jusqu'à la fin du XIII° siècle comme la « forme souveraine [1] » de la poésie.

1. Dante, *De Vulgari Eloquentia,* II, VIII.

Dans cette première partie les chansons attribuées ont été classées par ordre chronologique, approximatif, de leurs auteurs. Les chansons anonymes ont été regroupées à la suite. Il est impossible d'établir une chronologie interne des chansons de chaque trouvère. Nous les donnons donc, selon l'usage, en suivant l'ordre alphabétique des *incipit*.

BLONDEL DE NESLE

D'origine picarde, né vers 1155-1160, Blondel de Nesle appartient, comme Gace Brulé, à la première génération de trouvères. Une légende associe son nom à celui de Richard Cœur de Lion, emprisonné par le duc Léopold d'Autriche à son retour de la 3ᵉ croisade (1187-1193). Blondel aurait découvert l'endroit où était enfermé le roi en chantant l'une de ses chansons devant sa prison et aurait ensuite aidé à sa libération.

Il nous reste de ce trouvère vingt-trois chansons d'amour d'une écriture généralement fluide et limpide comme en témoigne celle que nous avons retenue. D'autres, plus complexes, d'un style plus précieux, laissent parfois affleurer le sens d'une alliance subtile entre le rythme et le jeu complexe des rimes.

Texte établi d'après l'édition Wiese et le manuscrit *K*.

I. LI ROSIGNOUS A NONCIÉ LA NOUVELE

    I. Li rosignous a noncié la nouvele
Que la sesons du douz tens est venue,
Que toute riens renest et renouvele,
4 Que li pré sont couvert d'erbe menue.
Pour la seson qui se change et remue,
Chascuns fors moi s'esjoïst et revele.
Las! car si m'est changiee la merele
8 Qu'on m'a geté en prison et en mue.

    II. Tant comme iver et tant conme esté dure
Sui en doleur et en duel et en ire.
Assez et trop ai de male aventure,
12 Nului qui soit ne le porroie dire.
Quant me porpens, ne puis joer ne rire,
S'aucune foiz n'avient par mespresure,
Car il m'estuet a si grant desmesure
16 Souffrir adés si dolereus martire.

    III. Deus! car seüst ma dame la couvine
De la doleur que j'ai et de la paine!
Car ses cuers bien li dit et adevine
20 Conment s'amours me travaille et demaine.
Seur toutes autres est el la souveraine
Car melz conoist de mes maus la racine.
Ne puis sanz li recouvrer medecine
24 Ne guerison qui me soit preus ne saine.

    IV. Tant me delit en la douce senblance
De ses verz euz et de son cler viaire!
Et quant recort la bele contenance
28 De son gent cors, touz li cuers m'en esclaire
Qu'ele par est tant douce et debonere,
Et tant loiaus, tant cortoise et tant franche,

Le rossignol a annoncé la nouvelle :
voici venue la saison où le temps se fait doux,
où tout renaît et tout se renouvelle,
où les prairies se couvrent d'herbe menue.
Mais en ce temps des changements et des mues,
moi seul je reste privé de joie et d'allégresse.
Hélas! le sort m'est devenu si contraire
que me voici captif, tel un faucon en cage!

Tout le temps de l'hiver, tout le temps de l'été,
je suis empli de peine et de douleur.
Tant de malheurs en nombre tombent sur moi
que je ne saurais trouver nul confident.
Ma rêverie m'absorbe, je ne sais plus rire ni me
si ce n'est parfois, par hasard.   [divertir
Le martyre qu'il me faut sans cesse
souffrir passe toute mesure.

Dieu! Si ma dame connaissait le pacte
que j'ai conclu avec la douleur et la peine!
Son cœur pourtant lui souffle
que mon amour pour elle me met à la torture!
Elle seule a tout pouvoir sur moi,
elle seule connaît la racine de mon mal.
Sans elle, aucun remède ne me pourra guérir,
rien ne me fera recouvrer la santé.

Comme il m'est bon de contempler le doux éclat
de ses yeux pers, de son visage plein de clarté!
Et quand je songe à la grâce de son corps si beau,
la lumière inonde mon cœur.
Il émane d'elle tant de douceur et de bonté,
de loyauté, de courtoisie et de noblesse

Que je ne puis avoir tant de poissance
32 Que mon penser puisse de li retraire.

    V. Ja Deus ne doint que mes cuers se retraie
De li amer touz les jorz de ma vie!
Non fera il, grant folie m'esmaie,
36 Car sa biauté me semont et envie.
Mult longuement l'ai amee et servie :
Bien est mes tens que la deserte en aie.
Or verrai bien s'ele est loiaus et vraie
40 Ou s'el m'est fausse et desloiaus amie.

qu'en dépit de tous mes efforts je ne peux
me distraire de sa pensée.

Que Dieu m'accorde de ne cesser de l'aimer
chaque jour de ma vie!
Il en sera ainsi, au risque de la folie,
car sa beauté a toute autorité sur moi.
Il y a si longtemps que je l'aime, que je la sers,
maintenant je mérite bien ma récompense.
Alors je verrai bien si elle est loyale et franche
ou si elle m'est fausse et déloyale amie.

GACE BRULÉ

Né en Champagne, comme le laisse entendre le vers de la chanson *Les oiselez de mon païs,* peut-être à Nanteuil-lès-Meaux, vers 1160-1165 et mort sans doute après 1213, Grace Brulé est issu d'une famille noble vassale des comtes de Champagne. Son surnom de *Brulé* lui vient sans doute de son blason que reproduit une enluminure d'un *chansonnier* conservé à la Bibliothèque Vaticane (le ms *a*) : un écu burelé c'est-à-dire rayé, de gueules et d'argent de huit pièces.

Les nombreux destinataires cités dans les *envois* des poèmes de Gace ont permis à son plus récent éditeur, H. Petersen Dyggve, de reconstituer le réseau assez dense de ses protecteurs et de ses amis. Parmi eux, on peut citer Marie de France, comtesse de Champagne et de Brie, fille d'Aliénor d'Aquitaine et de Louis VII, qui fut aussi la protectrice de Chrétien de Troyes, son demi-frère, Geoffroy, comte de Bretagne, fils d'Aliénor et d'Henri II Plantagenêt et Guy de Ponceaux en qui il faut sans doute reconnaître un autre trouvère, le Châtelain de Coucy.

Gace Brulé, qui appartient avec Blondel de Nesle, Conon de Béthune et le Châtelain de Coucy à la première génération des trouvères, est sans doute le plus grand poète lyrique du XIIᵉ siècle. Cette réputation lui fut acquise dès le Moyen Age, si l'on en juge par le nombre des chansons conservées, des manuscrits qui nous les donnent, par les citations qu'en font des romans comme le *Roman de la Rose* de Jean Renart, le *Roman de la Violette* de Gerbert de Montreuil ou le *Roman du Châtelain de Coucy et de la Dame du Fayel*, par le nombre de *contrafactures* dont il a fait l'objet. Rappelons enfin que l'une de ses chansons, *Ire d'amors* qui en mon cuer repere, est citée avec éloge par Dante (qui l'attribue d'ailleurs à Thibaut de Champagne) au livre II, VI du *De Vulgari Eloquentia*.

Très proche de Jaufré Rudel et surtout de Bernart de Ventadour, Gace Brulé a su tout d'abord transposer avec bonheur les thèmes majeurs de la lyrique d'oc, sa conception de la *fin'amor* et du service d'amour. Quelques pièces articulent cette éthique, qui semble profondément vécue, à une réflexion, parfois polémique, sur les sources et les modalités du langage poétique. Mais c'est surtout par une poésie de l'attente et de la tension du désir, indéfiniment prolongé par le jeu savant des combinaisons formelles, des rimes et des rythmes que Gace Brulé inaugure une écriture de la densité et de l'harmonie qui ouvre la voie aussi bien à Maurice Scève qu'à Racine et qui laisse parfois pressentir Mallarmé.

Le texte des chansons est établi d'après l'édition H. Petersen Dyggve et d'après les manuscrits *M* pour *Au renouvel de la douçour d'esté*, *Li biauz estez se resclaire* (dont l'attribution n'est pas certaine) et *Quant voi la fleur boutoner*, *O* pour *De bone amor et de leaul amie*, *Desconfortez ploins de dolour et d'ire*, *Quant flors et glaiz et verdure s'esloingne*, *M* et *O* pour *Biaus m'est estez que retentist la brueille*, *U* et *M* pour *Les oiselez de mon païs*.

II. AU RENOUVEL DE LA DOUÇOUR D'ESTÉ

    I. Au renouvel de la douçour d'esté,
Que resclarcist la dois par la fontainne,
Et que sunt vert bois et vergier et pré,
4 Et li rosiers en mai florist et grainne,
Lors chanterai, quar trop m'avra grevé
Ire et esmais que j'ai au cuer prochainne,
Et fins amis a tort ochoisonez
8 Est mout souvent de legier esfreez.

    II. Voirs est qu'Amours m'a outre loi mené,
Maiz mout m'est bel qu'a son plaisir me mainne
Quar, se Dieu plest, encor me savra gré
12 De mon travaill et de ma longe painne.
Maiz paour ai que ne m'ait oublïé
Par le conseill de la fausse gent vainne
Dont li torz est conneüz et provez,
16 Que ja sanz mort n'en quit estre eschapez.

    III. Douce dame, quar m'otroiez, pour Dé,
Un douz reguart de vous en la semainne;
Si atendrai par ceste seürté
20 Joie d'Amours se mes eürs le mainne.
Souvieigne vous com laide cruauté
Fet qui ocit son lige home demainne.
Douce dame, d'orgueill vous desfendez,
24 Ne trahissiez vos bienz ne vos biautez.

    IV. Tant ai d'Amours mon fin cuer esprouvé
Que ja sans li n'avrai joie certainne.
Tant par sui mis tout a sa volenté
28 Que nus travauz mon desir ne refrainne;
Quant plus me truis pensif et esgaré
Plus me confort as biens dont ele est plainne;

Quand reviendra l'été dans sa douceur,
quand l'eau des sources se fera transparente,
que les bois, les vergers, les prairies reverdiront,
en Mai, quand le rosier fleurira et grainera,
je chanterai, car l'angoisse et le tourment
m'ont fait au cœur une blessure trop vive,
et puis l'amant véritable, à tort soupçonné,
bien souvent s'inquiète au moindre signe.

En vérité, Amour m'a malmené au-delà de toute
mais il me plaît qu'il agisse à son gré   [norme,
car, si Dieu le veut, je serai récompensé
de ma souffrance et de ma longue peine.
J'ai bien peur, pourtant, que ma dame ne m'ait oublié,
influencée par les langues fourbes et perfides,
partout ici connues et dénoncées.
Comment leur échapper sans en mourir?

Douce dame, accordez-moi seulement, au nom de
un doux regard de vous en la semaine.   [Dieu,
Alors j'attendrai, en cette certitude,
la joie d'amour, si telle est ma fortune.
Souvenez-vous qu'il est cruel et infâme
de la part du seigneur de tuer son homme lige.
Douce dame, de l'orgueil défendez-vous,
sachez ne trahir ni votre bonté ni votre beauté.

Une longue expérience de l'amour m'a appris
que seul il peut me donner la certitude de la joie.
Je me suis tant plié tout à sa volonté,
aucune épreuve ne peut refréner mon désir :
Amour peut me laisser troublé et égaré,
je me console en pensant à ses innombrables bienfaits.

Et vous, seigneur, qui proiez et amez
32 Faites ausi, se joïr en volez.

    V. Douce dame, tant m'ont achoisoné
Faus recreant et lor parole vainne
Qu'en lonc espoir m'ont si desconforté
36 Prez ne m'ont mort; Diex lor doint male estrainne!
Maiz maugré eus vous ai mon cuer doné,
Plain de l'amour qui ja n'iert lointainne;
Tant s'est en vous finement esmerez
40 Qu'ainc si loiauz ne fu quis ne trouvez.

    VI. Fuiez chançons, ja ne mi reguardez,
Par mon seigneur Noblet vous en alez,
Et dites li de male hore fui nez
44 Qui touz jours aim et ja n'i iere amez.

***

III. BIAUS M'EST ESTEZ QUE RETENTIST LA BRUEILLE

    I. Biaus m'est estez que retentist la brueille,
Que li oisel chantent par le boschage,
Et l'erbe vert de la rousee mueille
4 Qui resplendir la fait lés le rivage.
De bone Amour vueill que mes cuers se dueille,
Car nus fors moi n'a vers li ferm corage;
Et nonporquant trop est de haut parage

Et vous, seigneurs, vous qui priez, vous qui aimez,
conduisez-vous de même, si vous voulez connaître la
[joie.

Douce dame, les faux amants, avec leurs langues
[trompeuses,
ont tant porté d'accusations contre moi, ils m'ont fait
[tant de mal,
pendant ma longue attente, j'ai failli y trouver la
[mort.
Que Dieu donne à ces médisants leur juste récompense!
Pourtant, malgré eux, je vous ai fait don de mon cœur,
plein d'un amour qui jamais ne s'en éloignera.
Devenu près de vous pareil à de l'or fin,
sa loyauté n'a pas d'égal de par le monde.

Fuyez, chanson, ne vous attardez pas ici,
allez auprès de monseigneur Noblet,
dites-lui que je suis né sous une mauvaise étoile,
moi qui aime toujours et ne serai jamais aimé.

*
* *

Beau me semble l'été, quand les bois sont pleins de
[bruits,
quand les oiseaux chantent par les bocages,
quand l'herbe verte se mouille de la rosée
qui la fait resplendir tout le long du rivage.
Pourtant mon cœur, je le veux, va porter le deuil
[d'Amour

8 Cele cui j'aim; n'est pas drois que me vueille.

II. Fins amans sui, comment qu'Amours
[m'accueille,
Car je n'aim pas con hom de mon eage,
Qu'il n'est amis qui aint ne amer sueille
12 Qui plus de moi ne truist amour sauvage.
Ha las, chaitis! ma dame a cui s'orgueille?
— Vers son ami, cui dolour n'assouage.
Merci, Amors! S'ele esguarde parage,
16 Donc sui je mors, mes pensés que me vueille.

III. De bien amer Amours grant sens me baille,
Si m'a traï s'a ma dame n'agree;
La volenté pri Dieu que ne me faille,
20 Car mout m'est bel quant u cuer m'est entree.
Tout mi pensé sont a li, u que j'aille,
Ne rienz fors li ne me puet estre mee
De la dolour dont souspir a celee;
24 A mort me rent ainz que longues m'asaille.

IV. Mes bien amers ne cuit que rienz me vaille,
Quar pitiez est et mercis oublïee
Envers cele qui si grief me travaille
28 Que gieus et ris et joie m'est veee.
Hé las, chaitis! si dure dessevraille!
De joie part et la doleur m'agree,
Dont je souspir coiement, a celee;
32 Si me rest bien, conment qu'Amours m'assaille.

car personne, sauf moi, ne sait vraiment aimer;
mais elle est d'un trop haut lignage
celle que j'aime, elle ne peut m'accepter.

Je suis l'amant véritable, comment qu'Amour me
[traite,
je n'aime pas à la façon des hommes de ce temps
car aucun de ceux qui ont une longue expérience de
[l'amour
n'en vit, autant que moi, toute la cruauté.
Ah! malheureux! A qui ma dame manifeste-t-elle tant
[d'orgueil?
— A moi, son ami, sans pour autant soulager ma
[douleur.
Amour, ayez pitié! Si la naissance lui importe,
je suis un homme mort! Intercédez donc en ma faveur!

Amour me donne de bien savoir aimer;
si ma dame ne veut pas de moi, il m'aura trahi;
pourtant je prie Dieu de me garder en cette volonté
car mon cœur fut envahi de façon merveilleuse.
Où que j'aille, mes pensées restent auprès de ma
elle seule peut m'apporter la guérison   [dame :
et soulager le mal qui me fait soupirer en secret.
J'accepte la mort, je ne peux supporter plus longtemps
[ses assauts.

Mais à quoi bon aimer parfaitement
puisque la compassion et la pitié n'existent plus;
je suis torturé de façon si cruelle
que tout m'est refusé, les jeux, les rires comme la
Hélas! misérable, 'quel déchirement!   [joie.
Je renonce à la joie, la douleur m'est délectable,
qui m'arrache des soupirs à la dérobée,
et je reste serein en dépit des assauts de l'amour.

V. De mon fin cuer me vient a grant mervoille,
  Qui de moie est, et si me vuet ocire
  K'a essïent en si haut lieu tessoillle;
36 Donc ma dolour ne savroie pas dire,
  Ensinc sui morz s'Amours ne m'i consoille,
  Car onques n'oi par li fors poinne et ire;
  Mais mes sire est, si ne l'os escondire :
40 Amer m'estuet, puis qu'il s'i aparoille.

  VI. A mie nuit une dolors m'esvoille,
  Que l'endemain me tolt joer et rire,
  Qu'a droit consoil m'a dit dedanz l'oroille
44 Que j'ain celi pour cui muir a martire.
  Si fais je voir, mes el n'est pas feoille
  Vers son ami qui de s'amour consire.
  De li amer ne me doi escondire,
48 Nou puis noier, mes cuers si aparoille.

  VII. Gui de Ponciaux, Gascoz ne set que dire :
50 Li dex d'amors malement nos consoille.

*
* *

IV. DE BONE AMOUR ET DE LEAUL AMIE

  I. De bone amour et de leaul amie
  Me vient sovant pitiez et remembrance,
  Si que ja mais a nul jor de ma vie
4 N'oblïerai son vis ne sa semblance;
  Por ce, s'Amors ne se puet plus sosfrir
  Qu'ele de touz ne face son plaisir
  Et de toutes, mais ne puet avenir
8 Que de la moie aie bone esperance.

Mon cœur ne cesse de me surprendre :
il m'appartient et veut tout ensemble me tuer,
lui qui se place délibérément en si haut lieu.
Ma douleur est inexprimable
et je suis mort si Amour ne m'assiste
car il ne m'a jamais rien fait connaître sinon la peine et
[la douleur.
Mais il est mon seigneur, je n'ose le repousser :
il me faut aimer puisque tel est son dessein.

A minuit, une douleur m'éveille
qui m'empêche, le lendemain, de rire et de me divertir
car elle me fait comprendre cette vérité :
j'aime celle pour qui je meurs martyr.
Je l'admets, et j'ajouterai qu'elle manque de loyauté
à l'égard de son ami, lui qui se languit de son
[amour.
Je ne dois cependant renoncer à l'aimer :
je ne cherche pas à le nier, tel est mon seul désir.

Guy de Ponceaux, Gace ne sait que dire :
le dieu Amour nous est bien mauvais conseiller!

***

De mon bel amour, de ma loyale amie
remonte en moi, souvent, le tendre souvenir,
et jamais, à aucun jour de ma vie,
je n'oublierai ses traits ni son image.
Si pourtant Amour ne s'est pas lassé
du jeu qu'il mène à son gré
avec chacun et avec chacune,
je ne peux en rien garder une espérance.

II. Coment porroie avoir bone esperance
A bone amor et a leal amie,
Ne a biaus yeuz n'a la douce semblance
12 Que ne verrai ja mes jor de ma vie?
Amer m'estuet, ne m'en puis plus sosfrir,
Celi cui ja ne vanra a plaisir;
Siens sui coment qu'il m'en doie avenir,
16 Et si n'i voi ne confort ne ahie.

III. Coment avrai ne confort ne ahie
Encontre Amours vers cui nuns n'a puissance?
Amer me fait ce qui ne m'ainme mie
20 Dont ja n'avrai fors ennui et pesance,
Ne ja nul jor ne l'oserai gehir
Celi qui tant de max me fait sentir;
Mais de tel mort sui jugiez a morir
24 Dont ja ne quier veoir ma delivrance.

IV. Je ne vois pas querant tel delivrance
Par quoi Amors soit de moi departie,
Ne ja n'en quier nul jor avoir poissance,
28 Ainz vuil amer ce qui ne m'ainme mie,
N'il n'est pas droiz je li doie gehir
Por nul destroit que me face sentir;
N'avrai confort, n'i voi que dou morir,
32 Puis que je voi que ne m'ameroit mie.

V. Ne m'ameroit? Ice ne sai je mie;
Que fins amis doit par bone atendance
Et par soffrir conquerre tel amie.
36 Mes je n'i puis avoir bone fiance,
Que cele est tex por cui plaing et sospir
Que ma dolor ne doigneroit oïr;
Si me vaut mieuz garder mon bon taisir
40 Que dire riens qui li tort a grevance.

Comment pourrais-je garder une espérance,
avoir confiance en mon bel amour, en l'amie loyale,
en ses beaux yeux, en son image,
que je ne verrai plus un seul jour de ma vie?
Il me faut aimer, comment y renoncer,
celle qui jamais ne sera sensible à mon amour.
Pourtant je suis à elle, quoi qu'il advienne,
et sans savoir comment trouver le moindre secours.

Comment pourrai-je trouver le moindre secours
contre Amour qui nous laisse tous si démunis?
Il me fait aimer celle qui ne m'aime pas,
et je n'en éprouverai que tourment et souffrance,
sans jamais rien oser avouer
à celle qui tant me fait souffrir.
Et me voici, tel un condamné à mort,
sans entrevoir une possible délivrance.

Je n'aspire pas à une délivrance
qui me ferait abandonner Amour,
et jamais je ne demanderai ce pouvoir,
mais j'aimerai celle qui ne m'aime pas.
Un aveu serait, de ma part, une faute,
quelque angoisse qu'elle me fasse éprouver;
je n'entrevois d'autre secours, seule reste la mort,
puisque je sais qu'elle ne m'aimera pas.

Elle ne m'aimera pas? Je n'en suis pas si sûr :
un amoureux fervent peut, par la patience
et la persévérance, conquérir une telle amie.
Pourtant cette pensée ne peut me donner confiance
car celle pour qui je gémis et je soupire
ne daignera pas écouter ma plainte.
Mieux vaut alors garder sagement le silence
que de rien dire qui puisse la peiner.

VI. Ne vos doit pas trop torner a grevance
Se je vos aing, dame, plus que ma vie,
Que c'est la riens ou j'ai greignor fiance
44 Que par moi seul vos oi nommer amie,
Et por ce fais maint dolorous sopir
Qu'assez vos puis et veoir et oïr,
Mais quant vos voi, n'i a que dou taisir,
48 Que si sui pris que ne sai que je die.

VII. Par Deu, Hüet, ne m'en puis plus soffrir,
50 Qu'en Bertree est et ma morz et ma vie.

***

V. DESCONFORTEZ, PLOINS DE DOLOUR ET D'IRE

I. Desconfortez, ploins de dolour et d'ire,
M'estuet chanter, qu'aillors n'ai ou entende.
Tout le mont voi, fors moi, joer et rire,
4 Ne je ne truis qui d'ennui me desfende.
Cele m'ocit cui mes cuers plus desire,
S'en sui iriez, quant ele n'en amende.
Chascuns dit qu'il ainme autresi,
8 *Pour ce ne conoist l'en ami.*

II. Ele ne seit mon duel ne mon martyre,
Por ce m'estuet que sa merci atende;
Touz faus amanz par cui ma joie empire
12 Pri je a Deu qu'en enfer les descende.
J'ain, fait chascuns : grant loisir ont dou dire,
Mais po en voi qui a Amors se rende.

Cela ne doit pas vous être une source de peine
que je vous aime, dame, plus que ma vie,
vous en qui j'ai mis toute ma confiance,
vous qu'en moi-même j'ose nommer amie,
vous pour qui je soupire très douloureusement
car je peux à loisir vous voir et vous entendre,
mais quand je vous vois, je ne peux que me taire
et je suis si troublé, je ne sais plus ce que je dis.

Par Dieu, Huet, je ne peux plus endurer ma peine :
En Bertrée est et ma mort et ma vie.

*
* *

Empli de désespoir, brisé par la souffrance,
chanter m'est force, c'est là mon seul recours.
Je vois tout le monde, sauf moi, rire et se divertir
et je ne trouve personne pour distraire mon chagrin.
Elle me mène à la mort, celle que je désire,
comment le supporter, qu'elle me laisse à mon mal!
Chacun prétend aimer ainsi :
comment, alors, reconnaître l'amant véritable?

Elle ignore tout de mon tourment, de mon martyre.
Il me faut bien attendre qu'elle ait pitié de moi.
Tous les faux amants qui viennent gâcher ma joie,
je prie Dieu qu'Il les envoie en enfer.
Chacun déclare qu'il aime; c'est chose aisée à dire,
mais on voit rarement quelqu'un se consacrer à l'amour.

Tuit se ventent d'amer ensi,
16 *Pour ce ne conoist l'en ami.*

III. De moi grever est Amors costumiere :
Si me fait bien, por quoi de li me plaingne?
Mais au soffrir m'est la poinne legiere,
20 Se ce li plait que a amer m'ensaingne.
Mes cuers me dit que souvent la requiere,
Mais neanz est quant el plus me desdaingne.
   Chascuns dit qu'il ainme autresi,
24 *Pour ce ne conoist l'en ami.*

IV. Onques ne fis vers li fause proiere,
Car je nel sai ne ja ne le m'apreingne :
La moie amors n'est mie noveliere,
28 Qu'il n'est fors li nule ou mes cuers remaingne.
Se plus n'i preng, l'angoisse en est mout chiere,
Puis que li plait qu'ele ainsi me destreingne.
   Chascuns dit qu'il ainme autresi,
32 *Pour ce ne conoist l'en ami.*

V. Cil n'ainme pas qui se cuide retraire
Se il voit ce que a merci ne veingne;
Par Deu, seignor, de ce ne me puis taire :
36 Mieuz ain morir que pis m'en mesaveingne,
Car tuit li mal que j'ai me doivent plaire
Tant que ma dame en joie me maintiengne.
   Chascuns dit qu'il ainme autresi,
40 *Pour ce ne conoist l'en ami.*

VI. Consoilliez moi, dame, quel poez faire;
S'ainsi me muir, ne sai mais qui se teingne
A bone Amour, dont touz li cuers m'esclaire.
44 Quant je vos voi, se joie m'en aveingne!,

Tous se vantent d'aimer ainsi :
comment, alors, reconnaître l'amant véritable?

De me blesser Amour est coutumier.
Mais il me fait du bien, pourquoi donc me
[plaindrais-je?
Et puis ma peine est plus légère à supporter
quand il m'apprend ainsi ce que c'est que d'aimer.
Mon cœur m'incite à prier souvent ma dame,
mais puisque son dédain ne fait que croître, c'est en
Chacun prétend aimer ainsi :   [vain.
comment, alors, reconnaître l'amant véritable?

Jamais je ne lui ai adressé de prières insincères :
j'en suis bien incapable et ne veux les apprendre.
Je ne suis pas inconstant en amour :
nulle autre ne peut retenir mon cœur;
même si je n'obtiens rien, ma torture m'est chère,
puisqu'il lui plaît de me tourmenter ainsi.
Chacun prétend aimer ainsi :
comment, alors, reconnaître l'amant véritable?

Il n'aime pas celui qui songe à se détacher
quand il s'aperçoit que toute pitié lui sera refusée.
Dieu! mes amis, je ne puis me taire!
Mieux vaut la mort que de subir de plus cruelles
[épreuves;
tous mes maux, pourtant, doivent me plaire
si ma dame sait entretenir ma joie.
Chacun prétend aimer ainsi :
comment, alors, reconnaître l'amant véritable?

Aidez-moi, dame, vous le pouvez;
si je meurs ainsi, qui désormais se vouera
à l'amour, cet amour qui m'inonde le cœur de lumière?
Quand je vous vois — que la joie m'en advienne! —

Mout me mervoil qu'en franc cuer debonere
Pouez panser riens dont je morir criengne.
   Chascuns dit qu'il ainme autresi,
48   *Pour ce ne conoist l'en ami.*

    VII. Bele dame, por Deu vos pri
50 Que je n'aie du tout failli!

    VIII. Gasçoz a son chanter feni,
52 Qui touz jors ainme et n'a merci.

***

VI. LES OISELEZ DE MON PAÏS

    I. Les oiselez de mon païs
ai oïs en Bretaigne.
3 A lor chant m'est il bien avis
Q'en la douce Champaigne
Les oï jadis,
6 Se n'i ai mespris.
Il m'ont en si dolz panser mis
K'a chançon faire me sui pris
Si que je parataigne
10 Ceu q'Amors m'a toz jors promis.

    II. En longe atente me languis
Senz ce que trop me plaigne.
13 Ce me tout mon jeu et mon ris
Que nuns q'amors destraingne
N'est d'el ententis.
16 Mon cors et mon vis
Truis si par eures entrepris

44

je suis surpris que votre cœur, si noble, si généreux,
puisse se faire, je le crains, l'instrument de ma mort!
Chacun prétend aimer ainsi :
comment alors reconnaître l'amant véritable?

Douce dame, au nom de Dieu,
puissé-je n'avoir pas tout perdu!

Gace a achevé son chant,
lui l'amant fidèle et toujours dédaigné.

*
*

Les oiselets de mon pays,
en Bretagne, je les ai entendus.
Ce chant, il me semble bien,
je l'entendais jadis,
je ne peux m'y tromper,
dans ma douce Champagne.
Ils m'ont mis en de si douces pensées
que j'ai entrepris mon chant
dans l'espoir de la récompense
qu'Amour m'a toujours promise.

En cette longue attente, je languis
mais je ne me plains pas.
Je perds le goût des rires et des jeux
car celui que torturent les affres de l'amour,
rien d'autre ne le soucie.
Mon corps et mon visage
se tendent si souvent sous l'effet de l'angoisse

Que fol samblant en ai empris.
Ki q'en Amors mespraigne,
20 Je sui cil c'ainz rien n'i forfis.

   III. En baisant, mon cuer me toli
Ma dolce dame gente;
23 Trop fu fols quant il me guerpi
Por li qui me tormente.
Las! ainz nel senti,
26 Quant de moi parti;
Tant dolcement lo me toli
K'en sospirant lo traist a li;
Mon fol cuer atalente,
30 Mais ja n'avra de moi merci.

   IV. D'un baisier, dont me membre si,
M'est avis, en m'entente,
33 Il n'est hore, ce m'a trahi,
Q'a mes levres nel sente.
Quant ele soffri,
Deus! ce que je di,
36 De ma mort que ne me garni!
Ele seit bien que je m'oci
En ceste longe atente
40 Dont j'ai lo vis taint et pali.

   V. Por coi me tout rire et juer
Et fait morir d'envie;
43 Trop souvent me fait comparer
Amors sa compaignie.
Las! n'i os aler,
46 Que por fol sambler
Me font cil fals proiant damer.
Morz sui quant jes i voi parler,
Que point de trecherie
50 Ne puet nus d'eus en li trover.

que j'en parais stupide.
Si d'autres trahissent Amour,
je n'ai jamais été l'un des leurs.

D'un baiser ma douce et noble dame
s'est emparée de mon cœur.
Quelle folie de m'abandonner ainsi
pour celle qui me tourmente!
Mais, hélas! il m'a quitté
sans que je m'en aperçoive.
Elle me l'a pris si doucement,
un seul soupir l'a emporté vers elle.
Mon désir me fascine à me rendre fou
mais elle n'aura jamais pitié de moi.

Le souvenir remonte en moi
d'un baiser dont j'ai l'impression
à tout moment, ô trahison!,
qu'il se pose à nouveau sur mes lèvres.
Dieu! quand elle l'accepta, ce baiser,
que ne me suis-je protégé contre ma mort!
Elle sait bien que je me tue
en cette longue attente
qui me mine et me défait.

J'en perds les rires et les jeux
et je meurs de mon désir.
Amour me fait trop souvent cher payer
les joies qu'il me donne.
Hélas! je n'ose aller vers ma dame
car, en me faisant paraître ridicule,
les faux amants causent ma perte.
Je meurs quand je les vois lui parler,
à elle en qui personne ne peut relever
la moindre hypocrisie.

VII. LI BIAUZ ESTEZ SE RESCLAIRE

I. Li biauz estez se resclaire,
Que naist l'erbe verdoians,
3 Que flours et fueille repaire
Dont deüsse estre joianz.
Maiz por cele sui dolanz
3 Ou il n'a rienz que reprendre,
Fors tant que trop est tenanz
Vers moi de guerredon rendre,
9 Qui lonc tans m'a fait atendre.

II. Li maus que j'ai n'est pas mendres
Por ce qu'il n'est apparanz,
12 Car li charbons souz la cendre
Couvers, c'est li plus ardanz.
De cuer aime vrais amans,
15 Non des ieuz ne du viaire,
Dont l'en fet mainz biauz samblanz;
N'a gentill cuer ne doit plaire
18 Samblance d'amours sanz faire.

III. N'est tant grief a porter haire
Ne vivre com peneans,
21 Com de porter cest contraire
Que j'ai comparé lonc tanz.
Je morrai merci proianz,
24 Si ne sai u confort prendre,
Et si fai com recreanz
Qui son baston tent pour rendre,
27 Quant pluz ne se puet desfendre.

Le bel été revient dans toute sa transparence :
voici que l'herbe reverdoie,
que fleurs et feuilles reparaissent.
Tout devrait alors me réjouir,
mais mon·cœur se lamente
à cause d'une femme vraiment irréprochable,
si ce n'est qu'elle est trop lente
à m'accorder la récompense
qu'elle me fait attendre, et depuis si longtemps.

Le mal dont je souffre est intense,
même s'il demeure caché,
comme le charbon qui brûle plus ardent
lorsqu'il se consume sous la cendre.
L'amant véritable aime de toute son âme,
non en faisant œillades ou simagrées
pour se donner belle apparence;
et un noble cœur ne peut se complaire
dans les faux semblants de l'amour.

Moins dur de porter la haire
ou de vivre comme un mendiant
que de supporter son refus,
après avoir payé si cher.
Je vais mourir, criant pitié,
je ne sais où trouver consolation,
je suis comme celui qui abandonne la lutte,
et qui tend son bâton pour se rendre
quand il ne peut plus se défendre.

IV. Diex! tant gent me sot souprendre
   Ses cors bien faiz, avenans,
30 Sa colours rosee et tendre,
   Ieuz vairs et bouche rianz!
   Mes trop est ma mors plaisanz,
33 N'il n'a en li que reprendre;
   Maiz sanz pitié biautez granz
   Me deüst par droit desplaire,
36 Se m'en peüsse retraire.

   V. Biautez doit valour atraire :
   Douce dame bien parlanz,
39 A qui serez debonaire
   S'a moi estes mal vueillanz
   Qui de tout sui vos servans?
42 Ma mort m'avez fait emprendre,
   Si en seroiz mainz poissanz,
   Quar pour engagier ou vendre
45 Me poez com vostre prendre.

*
* *

VIII. QUANT FLORS ET GLAIZ ET VERDURE S'ESLOINGNE

   I. Quant flors et glaiz et verdure s'esloingne,
   Que cil oisel n'osent un mot soner,
   Por la froidour chascuns doute et resoingne
 4 Jusqu'au beau temps que il suelent chanter,
   Je chanterai, que ne puis oblïer
   La bone amour dont Dex joie me doigne,
 7 Que de li sont et viennent mi penser.

Comme ils ont bien su s'emparer de moi
ce corps si bien fait, plein d'attraits,
ce teint si frais, si tendre,
ces yeux pers et cette bouche riante,
jusqu'à me faire aimer ma propre mort!
Ma dame ne mérite aucun reproche,
mais une beauté si insensible à la pitié
aurait dû me faire fuir.
Ah! si j'avais pu me détacher d'elle!

La beauté doit entraîner la valeur.
Douce dame aux propos si affables,
à qui ferez-vous du bien
si vous me voulez du mal,
moi qui suis en tout votre serviteur?
Vous m'avez amené à la mort :
en serez-vous plus puissante?
Mettez-moi en gage, vendez-moi,
vous pouvez me considérer comme votre bien.

*
* *

Quand les glaieuls, les fleurs et la verdure
                                    [disparaissent,
quand les oiseaux n'osent plus faire entendre le moindre
                                                [son,
— saisis par la froidure, ils frémissent tous de crainte
jusques au bel été où ils chantent à nouveau —
moi au contraire je chante, incapable d'oublier
Amour — que Dieu m'en accorde la joie! —
objet et source de toutes mes pensées.

II. Comment qu'Amors joie me guerredoigne,
Trop le me fait atendre et desirrer,
Com a celui qui delaie et porloingne
11 Et qu'ele vuet a son talent grever.
Je ne di pas que l'en puist trop amer
Ne qu'ele ja de mon cuer se desjoigne,
14 Qu'ele a trové tel qui ne set fauser.

III. Vos amerai, dame, comment qu'il preingne,
Si finement, et Dex m'en doint pooir!,
Ne ja Amors n'iert telx qu'ele se faigne
18 De moi aidier, s'ele m'i puet valoir.
Tant me covient vostre plaisir voloir,
Qu'assez aing mieuz que li merirs remaingne
21 Qu'aie de vos joie par decevoir.

IV. Pou prie nus que li cuers ne se faigne
Plus que li diz, ce seit on bien de voir;
Si me mervoil que ma dame desdaigne
25 Son bon ami, si ne puet autre avoir.
Assez aing mieuz morir en tel espoir,
Que j'ai un cuer qu'ainsi amer m'ensaigne.
28 Dame, merci, quant ne puet remenoir.

V. Bien est raisons que longue atente creingne,
Que c'est la riens que plus m'avra grevé.
Quels costume ne quelz maus qu'en aveingne,
32 Envers Amors n'avroit nus poësté.
Por ce vos pri, douce dame, por Dé,
Que de mes maux vos remembre et soveingne,
35 Que sanz merci ne puënt estre osté.

VI. En vous n'a rien, dame, qui n'i coviengne,
Tant avez sen et valoir et beauté;
Por ce vos pri que vostre cuers reteingne

Certes Amour me récompense par des dons de joie
mais il me les fait payer bien cher :
il prend son temps, il ne se hâte guère
et il cherche à me tourmenter selon son bon plaisir.
Pourtant je le déclare, on ne peut trop se consacrer à
[Amour
et il ne doit jamais se séparer de mon cœur
puisqu'il n'a jamais trouvé en lui la moindre trahison.

Je vous aimerai, dame, en amant parfait,
j'en accepte le risque, avec l'aide de Dieu,
et jamais Amour n'ira jusqu'à me refuser
son secours, s'il peut m'être utile.
Je ne cherche que votre bon plaisir
et je préfère renoncer à ma récompense
plutôt que de vous conquérir par la ruse.

Peu de gens ont souci, on le sait bien,
de mettre en accord leurs sentiments et leurs paroles
et je m'étonne du dédain de ma dame
pour un ami tel que moi, unique dans sa loyauté.
Ainsi je dois mourir tout en gardant espoir
car mon cœur ne m'enseigne d'autre façon d'aimer.
Dame, pitié! Comment rester ainsi dans l'attente?

Bien à raison je redoute d'attendre longuement
après avoir reçu au cœur une blessure si profonde.
Quelque tribut, quelques maux qu'il faille accepter,
personne n'a le moindre pouvoir contre Amour.
Alors, je vous supplie, belle dame, au nom de Dieu,
de vous souvenir des tourments qui m'accablent :
je ne peux être allégé sans un geste de votre clémence.

En vous on ne peut trouver, dame, la moindre faille
tant vous possédez d'intelligence, de valeur et de beauté.
Aussi, je vous en prie, faites que votre cœur sache,

³⁹ Selonc vos biens, granz debonairetez.
Assez vos aing plus que rien n'ai amé,
Ne ja sanz vos grant joie ne me veingne :
⁴² S'el me venoit, ne l'en savroie gré.

        VII. Fins Amorox, en vos sont mi pansé;
Gardez qu'amors et joie vos mainteigne
⁴⁵ Plus que les .II. qui tant ont demoré.

*_**

IX. QUANT VOI LA FLOR BOUTONER

        I. Quant voi la flor boutoner,
    Qu'esclarcissent rivage,
Et j'oi l'aloe chanter
⁴   Du tens qui rassouage,
Las! ne me puis conforter,
    Qu'amours veut mon damage.
A celi me fait penser
⁸   Qui me tient a outrage.
    Ha! fins amis
    Morrai, ce m'est vis.
    Ja voir n'en partirai vis :
¹²   *Trop m'a soupris.*

        II. Ma mort pris en esguarder
    Son cors et son visage;
Ne m'en seu amesurer,
¹⁶   Trop en crui mon corage;
Maiz por Dieu, de li amer
    Nel me tieigne a folage,

54

dans sa perfection, se montrer généreux envers moi!
Je vous aime plus que je n'ai jamais aimé personne :
puissiez-vous être la source de ma joie!
Seule cette joie m'importe, toute autre me laisserait
[indifférent.

Vous, l'amant sincère, je pense à vous.
Qu'Amour et joie vous favorisent
plus que ces deux qui ont subi une si longue attente!

***

Quand je vois les fleurs boutonner
et l'eau des ruisseaux retrouver sa transparence,
quand j'entends l'alouette chanter
pour la douceur de l'air,
hélas! moi je ne peux sortir de ma tristesse
car Amour cherche à me faire du mal,
il m'oblige à penser
à celle qui ne m'est que rigueur.
Ah! pour trop bien aimer,
je mourrai, je le sais.
La quitter, en vérité, ce sera me tuer
tant je suis épris d'elle!

J'ai bu ma mort pour avoir regardé
son corps et son visage.
Sans force de raison
je fus confiant en mon cœur;
mais si je l'aime, au nom de Dieu,
qu'elle ne le tienne pas pour folie.

Qu'a s'amour faire oublier
20 Seroient fol li sage.
    Ha! si m'a pris :
    Siens serai tous dis.
Ja voir n'en partirai vis :
24 *Trop m'a soupris.*

    III. Je n'eu pooir contre Amour
    Puis qu'en moi se fu mise;
Quar ma joie et ma dolour
28 Est toute a sa devise;
Ja sanz li n'avrai nul jour
    Ce qui pluz me justise;
Qui que le tieigne a folour,
32 Je ferai son servise.
    Ha! jel me quis
    Ce dont je muir pensis.
Ja voir n'en partirai vis :
36 *Trop m'a soupris.*

    IV. De c'est graindre ma paours
    Que ma dame ont assise
Losengier et menteour
40 Et genz de male guise.
Maiz pou dout losengeours :
    S'el s'en ert entremise
Tost les avroit mis u tour
44 Et moi hors de juïse.
    Ha! pour quel dis?
    Ainz m'avra ocis.
Ja voir n'en partirai vis :
48 *Trop m'a soupris.*

    V. Guillot, le conte me di,
    Et si le me salue,
Qu'il aint et serve en merci

Ce serait plutôt folie au sage
de vouloir l'oublier!
Ah! comme je suis pris!
A tout jamais je serai sien.
  *La quitter, en vérité, ce sera me tuer
  tant je suis épris d'elle!*

Je n'ai pas su lutter contre Amour
depuis qu'il s'est emparé de moi
et il dépend de lui
que je sois triste ou joyeux.
Sans lui, je n'obtiendrai jamais
celle qui gouverne mes pensées;
quitte à passer pour fou,
je resterai à la servir.
Ah! je l'ai tant cherché,
cet objet où je m'abîme, où je trouve la mort!
  *La quitter, en vérité, ce sera me tuer
  tant je suis épris d'elle!*

Ma peur ne fait que croître
car les faux amants, les menteurs,
les gens sans savoir-vivre
ont assiégé ma dame.
Mais je les redoute peu :
il suffirait qu'elle s'en soucie
pour les remettre à leur place
et moi, je serais délivré.
Mais à quoi bon parler?
Elle m'aura tué avant!
  *La quitter, en vérité, ce sera me tuer
  tant je suis épris d'elle!*

Guillot, dis de ma part au comte
(et salue-le pour moi)
qu'il aime sa dame et la serve en toute soumission

52   U sa paine iert perdue;
     Qu'Amours n'a maiz nul ami,
     Se ses cuers se remue,
     Fors moi qu'a son oez choisi
56   Quant ma dame oi veüe.
     Ha! si bien fis
     Quant mon cuer i mis!
     Ja voir n'en partirai mie
60   *Trop m'a soupris.*

     VI. Guillot, biaus amis, di li,
     S'iert ma joie creüe,
     Qu'il m'est, puis que je nel vi,
64   Tel honors avenue
     Qu'en un lit u m'endormi
     Est ma dame venue.
     Bien met pitié en oubli
68   Qui tel dormir remue!
     Ha! en son vis
     Choisi un dous ris.
     Ja voir n'en partirai mie :
72   *Trop m'a soupris.*

     VII.   Ha! ennemis
     A en son païs
     Gasses, qui est fins amis,
76   Et iert tous dis.

sauf à perdre sa peine,
car Amour ne connaît plus
celui qui se montre inconstant,
mais il a jeté son dévolu sur moi
le jour où j'ai vu ma dame.
Ah! comme ce fut une bonne chose
de lui donner mon cœur!
La quitter, en vérité, ce sera me tuer
tant je suis épris d'elle!

Guillot, bel ami, dis au comte
que ma joie a grandi
depuis que je l'ai vu.
Voici la faveur qui m'est échue:
pendant mon sommeil
ma dame m'est apparue.
Il est bien insensible
celui qui trouble un tel sommeil!
Ah! sur son visage
j'ai aperçu un doux sourire.
La quitter, en vérité, ce sera me tuer
tant je suis épris d'elle!

Hélas! Gace a dans son pays
des ennemis,
lui qui est l'amant parfait
et le sera à tout jamais.

GAUTIER DE DARGIES

Originaire d'une famille noble du Beauvaisis, Gautier de Dargies fut le contemporain et l'ami de Gace Brulé qu'il désigne à deux reprises comme son compagnon. Il était cependant sensiblement plus jeune que Gace et son activité poétique semble se situer à l'extrême fin du XIIe siècle et au début du XIIIe siècle. Croisé en 1190, il était encore vivant en 1236. Il nous reste de lui onze chansons d'attribution certaine, une tenson, et trois descorts qui sont les plus anciens témoins du genre en France du nord. Gautier de Dargies pratique une écriture poétique recherchée, voire hermétique, peut-être dans la lignée du *trobar clús* des troubadours, à en juger notamment par les premiers vers de la chanson que nous avons retenue.

Le texte de la chanson et du descort (n° XXXII) est établi à partir de l'édition G. Huet et du ms. *M*.

X. LA GENT DIENT POUR COI JE NE FAIZ CHANZ

I. La gent dient pour coi je ne faiz chanz
Pluz legiers et meilleurs a retenir,
Maiz ne sevent qu'Amours me fait sentir,
4 Quar de celui u l'amours est plus granz
Convient mouvoir les chans fors et pesans;
Qui mainz aime, de lui convient issir
Les febles chanz que chascuns puet furnir;
Qui ne le set, demant le as fins amans,
9 S'amours est si vertueuse et poissanz.

II. Tuit cil qui sunt devroient obeïr
A fine Amour, c'on en est plus vaillant,
Larges, courtois, sages et entendans
13 Quar nule riens ne puet d'Amors venir,
Bone ne soit pour le siecle tenir;
Maiz il est tant des felons mesdisanz
Qui guerroient Amours et ses amanz
Si que vers eus ne poom mais guerir :
18 Celeement nous convendra servir.

III. Mout sui iriez, entrepris et dolanz;
Desoremaiz ne ferai fors languir
Quant n'oserai ne aler ne venir
22 La u cele est qui est mes drois guaranz,
Car vilenie a maiz mout de serganz :
A grant dolour m'en convendra tenir.
Conment me puis vers ma dame couvrir
Que je aim plus que rienz qui soit vivanz?
27 E! Deus, conment li serai eschivans?

IV. Certes, Amours, pour fol se doit tenir
Qui de vous part et en est eslonganz;

On me demande pourquoi mes chants ne sont pas
               [plus légers, à la mémoire dociles.
Méconnaissance du pouvoir de l'amour!
C'est du cœur où l'amour est le plus grand que naissent
des chants pleins de noblesse et de puissance;
quand il est faible, médiocre,
coulent des vers faciles, que chacun peut composer.
Qu'on demande aux amants véritables
si tels ne sont pas les pouvoirs de l'amour.

   Tous doivent obéir
aux lois de l'amour, lui qui rend
plus généreux, plus délicat, plus sage et plus péné-
Rien ne peut naître de lui   [trant.
qui ne soit bénéfique à l'homme sur cette terre;
mais si nombreux sont les fourbes, les médisants
qui se dressent contre lui et contre ses fidèles
que nous ne pourrons jamais triompher d'eux
et nous serons réduits à aimer en secret.

   Accablé, le cœur plein de douleur,
désormais je ne ferai que languir
sans oser me rapprocher
de celle qui est mon rempart le plus sûr.
La perfidie, de nos jours, a trop de serviteurs
qui m'obligent à l'immobilité douloureuse.
Mais comment dissimuler mes sentiments?
Hélas! comment pourrai-je fuir
celle que j'aime le plus au monde?

   Certes, Amour, il doit savoir qu'il est fou
celui qui veut s'éloigner de vous.

Ja faites vous les dolereus joianz
31 Et les joianz refaites vous sentir
De tes doleurs dont il cuident morir :
C'est des courrouz et des granz mautalenz.
Tant com durent ont li amant mal tanz,
Maiz bone pais en repuet bien venir :
30 Sachiez qu'Amors n'en fait fors rafreschir.

V. Veillier, plorer, painnes, travaus, ahans,
Ceus qui aiment, tout ce convient soufrir,
Et tote rienz en bon gré retenir;
40 De nul anui ne doit estre esmaianz
Cil qui veut estre a haut don atendanz,
Ainz le doit mout doucement deservir
Et de fin cuer loiauté maintenir;
Et qui crie l'enseigne as recreanz
45 N'avra ja nul des guerredons plaisanz.

VI. Belle, de moi ne soiez ja doutanz,
47 Je vous serai fins leaus, voir disanz.

Ceux qui sont dans la douleur, vous leur donnez la
[joie,
ceux qui connaissent la joie, vous leur faites éprou-
[ver
douleurs telles qu'ils pensent en trépasser.
Ce ne sont qu'afflictions, que ressentiments,
alors nous vivons dans l'amertume,
mais une paisible accalmie peut survenir :
sachez-le, l'amour est fontaine rafraîchissante.

Les veilles, les méditations, les douleurs, les peines,
les efforts, les amants doivent tout supporter
et accepter de bon gré.
Qu'il ne se trouble pas au premier chagrin
celui qui a placé son espoir en haut lieu!
Qu'il apprenne la ferveur
et garde en son cœur la loyauté.
Mais le porte-étendard des repentis de l'amour,
qu'il n'attende pas d'agréables récompenses!

Belle, veuillez mettre en moi toute votre confiance,
je serai envers vous toute loyauté, toute sincérité.

LE VIDAME DE CHARTRES

Ce vidame – on appelle ainsi un seigneur laïc assurant la protection d'un évêché – doit être identifié, selon l'éditeur de ses chansons, avec Guillaume de Ferrières, né vers 1150, dont la carrière poétique se situerait vers 1180. Croisé en 1202, Guillaume a dû mourir au cours de la quatrième croisade, en 1204. Il nous reste de lui cinq chansons attribuées. Trois autres sont d'attribution incertaine. Les deux premières strophes de la chanson que nous donnons ici sont citées dans le *Roman de la Rose* de Jean Renart dans lequel un jeune homme chante « *la bone chançon le Vidame de Chartres* ».

Texte établi d'après l'édition H. Petersen Dyggve et les deux versions que propose le manuscrit *O*.

XI. QUANT LA SAISONS DOU DOUZ TENS S'ASEÜRE

I. Quant la saisons dou douz tens s'aseüre,
Que beaux estez se raferme et esclaire,
Que toute riens a sa droite nature
Vient et retrait se trop n'est de mal'aire,
Lors chanterai, car plus ne m'en puis taire,
Por conforter ma cruel aventure
7 Qui m'est tornee a grant desconfiture.

II. J'aing et desir ce qui de moi n'a cure.
Las! je li dis, qu'Amors le me fist faire.
Or me het plus que nule creature
Et as autres la voi si debonaire!
Diex! por quoi l'aing quant je ne li puis plaire?
Or ai je dit folie sanz droiture,
14 Qu'en bien amer ne doit avoir mesure.

III. En ma dolour n'a mestier coverture :
Si sui sorpris que ne m'en puis retraire.
Mar acointai sa tres douce faiture,
Por si griés maus et por tel dolour traire,
Car ce me fait que nuns ne puet deffaire
Fors ses fins cuers dont vers moi est si dure
21 Qu'a la mort sui se sa guerre me dure.

IV. Amors, Amors, je me muir sanz droiture.
Certes ma mort vos deüst bien desplaire :
En vos servir ai mis tote ma cure
Et mes pensers dont j'ai plus de cent paire.

Dans la plénitude de la douce saison,
dans la force et l'éclat du bel été
où toute chose, si elle n'est trop mauvaise,
                    [revient à sa vraie nature,
mon chant s'élèvera, brisant l'insupportable silence,
seule consolation à la tragique aventure
                    [source de mon infortune.

J'aime et je désire celle à qui je suis indifférent.
Hélas! je le lui ai avoué, Amour m'y a contraint.
Elle me hait maintenant plus que tout être au monde,
elle si bonne à l'égard de tous.
Dieu! pourquoi l'aimer alors, si je ne peux lui plaire?
Mais je dis là folie et je suis tombé dans l'égare-
                    [ment.
Qui aime véritablement doit se donner sans réserve.

A ma souffrance, il n'est point besoin de masque.
Amour m'a surpris, impossible de m'y soustraire,
et ce fut mon malheur de rencontrer cet être de
                    [douceur
qui m'a fait subir tant de maux et de douleur.
Ce qu'elle m'a fait ne peut être défait
sauf par le don de son cœur, ce cœur pour moi si
                    [dur
que je suis mort s'il me faut lutter encore.

Amour, amour, je meurs sans l'avoir mérité.
Ah! comme vous devriez pleurer ma mort,
vous, mon unique souci
et l'unique objet de toutes mes pensées!

S'or vos devoit li miens servises plaire,
Si en seroit ma joie plus seüre.
28 On dit : li fruiz n'est prouz, qui ne maüre.

V. Pechié fera ses cuers s'il li outroie
Moi a haïr, dont si la voi certeinne,
Qu'en tant le mont plus ne demanderoie
Fors que s'amour qui a la mort me moinne.
S'ele m'ocit, trop fera que vileinne,
Et s'ainsi est que por li morir doie,
35 Ce est la morz dont mieuz morir voudroie.

Si mon service vous était enfin agréable,
la joie me serait plus certaine.
Fruit qui ne peut mûrir est, dit-on, inutile!

Coupable sera son cœur de lui consentir
haine contre moi, et elle en est si proche!
Quand, de l'univers entier je ne demanderais
que cet amour qui m'entraîne vers la mort,
si elle me tue, son geste sera trop vil.
Mais, mourant pour elle,
je mourrais selon mon désir.

LE CHÂTELAIN DE COUCY

Le Châtelain de Coucy, que l'on identifie généralement avec Guy, châtelain de Coucy de 1186 à 1203, est issu de l'une des familles nobles les plus importantes du nord de la France [1]. Il participa à la troisième et à la quatrième croisades et mourut en mer comme l'atteste Villehardouin dans sa Chronique : « Alors advint un grand dommage; un haut homme de l'armée, qui avait nom Guy, le châtelain de Coucy, mourut et fut jeté à la mer » (§ 124). Guy reçut sans doute de sa femme le fief de Ponceaux, proche de Coulommiers, tout proche donc des terres de Gace Brulé. Dans ces conditions, Guy de Ponceaux, l'ami à qui Gace Brulé envoie cinq de ses chansons, ne serait autre que le Châtelain.

Treize chansons sont attribuées de façon certaine au Châtelain, une dizaine d'autres le sont de façon moins sûre. D'un métier aisé et varié, elles allient à la noblesse du grand chant courtois une douceur et une simplicité qui, lorsque le poète chante ses adieux à sa dame et son départ pour la croisade, atteignent au sublime.

Dès le XIIIe siècle, le Châtelain devint un personnage

1. Barbara W. Tuchman a choisi d'organiser son grand livre : *A distant mirror, Un lointain miroir, le XIVe siècle de calamités*, Fayard, Paris, 1979, autour de la vie du dernier sire de Coucy, Enguerrand VII, qui épousa la fille d'Édouard, roi d'Angleterre.

romanesque sur lequel se cristallisa le motif folklorique du cœur mangé. A la fin du siècle, le *Roman du Châtelain de Coucy et de la Dame du Fayel* de Jakemes tisse une intrigue romanesque autour et à partir des chansons du trouvère. Dans ce roman, le Châtelain est amoureux de la Dame du Fayel. Forcé par le mari jaloux de partir pour la croisade et surpris outre-mer par la maladie, le Châtelain, avant de mourir, prie son écuyer d'embaumer son cœur et de le porter à sa dame. Le Sire du Fayel s'empare par ruse du cœur et le donne à manger à sa femme puis lui révèle la vérité. Après avoir déclaré qu'aucune autre nourriture ne saurait désormais la rassasier, la Dame du Fayel tombe morte...

Le texte des chansons d'amour et des chansons de croisade (n° XLVI et XLVII) est établi à partir de l'édition Lerond et du ms. *M*.

XII. LA DOUCE VOIZ DU LOUSEIGNOL SAUVAGE

I. La douce voiz du louseignol sauvage
Qu'oi nuit et jour cointoier et tentir
M'adoucist si le cuer et rassouage
4 Qu'or ai talent que chant pour esbaudir;
Bien doi chanter puis qu'il vient a plaisir
Cele qui j'ai fait de cuer lige homage;
Si doi avoir grant joie en mon corage,
8 S'ele me veut a son oez retenir.

II. Onques vers li n'eu faus cuer ne volage,
Si m'en devroit pour tant mieuz avenir,
Ainz l'aim et serf et aour par usage,
12 Mais ne li os mon pensé descouvrir,
Quar sa biautez me fait tant esbahir
Que je ne sai devant li nul languauge;
Nis reguarder n'os son simple visage,
16 Tant en redout mes ieuz a departir

III. Tant ai en li ferm assis mon corage
Qu'ailleurs ne pens, et Diex m'en lait joïr!
C'onques Tristanz, qui but le beverage,
20 Pluz loiaument n'ama sanz repentir;
Quar g'i met tout, cuer et cors et desir,
Force et pooir, ne sai se faiz folage;
Encor me dout qu'en trestout mon eage
24 Ne puisse assez li et s'amour servir.

IV. Je ne di pas que je face folage,
Nis se pour li me devoie morir,
Qu'el mont ne truis tant bele ne si sage,

La douce voix du rossignol sauvage,
j'entends nuit et jour ses modulations.
Elle emplit mon cœur de calme et de douceur,
elle me donne le désir de chanter pour dire mon
[bonheur.
J'aime à le faire puisque mon chant agrée
à celle qui est devenue de mon cœur la souveraine
et ma joie sera plénière
si elle veut me retenir pour serviteur.

Jamais je n'eus envers elle cœur perfide ou volage :
ma récompense en devrait être encore plus grande;
je l'aime avec constance, je l'adore et je la sers
sans oser toutefois me risquer à lui confier mes
Sa beauté m'emplit d'un tel émoi,   [sentiments.
en sa présence, je reste incapable de parler,
n'osant pas même contempler son visage si pur,
tant j'ai peur de ne pouvoir en détacher mes
[regards.

Mon cœur lui est profondément attaché.
Je ne pense à nulle autre. Dieu! être un jour avec
Jamais Tristan, lui qui but le philtre,   [elle!
n'a aimé sans réserve d'un amour plus loyal.
Je m'y donne tout entier, cœur, corps, désir,
force et pouvoir. J'ignore si c'est folie,
pourtant que je doute encore que ma vie soit assez
pour la servir et pour l'aimer.   [longue

Ma conduite, je l'affirme, n'a rien d'insensé,
même si son amour me mène à la mort,
car je ne trouve au monde ni plus belle ni plus sage

28 Ne nule rienz n'est tant a mon desir;
Mout aim mes ieuz qui me firent choisir;
Lors que la vi, li laissai en hostage
Mon cuer, qui puiz i a fait lonc estage,
32 Ne ja nul jour ne l'en quier departir.

V. Chançon, va t'en pour faire mon message
La u je je n'os trestourner ne guenchir,
Quar tant redout la fole gent ombrage
36 Qui devinent, ainz qu'il puist avenir,
Les bienz d'amours (Diex les puist maleïr!).
A maint amant ont fait ire et damage;
Maiz j'ai de ce mout cruel avantage
40 Qu'il les m'estuet seur mon pois obeïr.

**

XIII. MOUT M'EST BELE LA DOUCE CONMENÇANCE

I. Mout m'est bele la douce conmençance
Du nouvel tanz a l'entrant de Pascour,
Que boiz et pré sunt de mainte samblance,
4 Blanc et vermeill, couvert d'erbe et de flour;
Et je sui, las! du tout en tel balance
    Qu'a mainz jointes aour
Ma bele perte u ma haute richour,
8 Ne sai lequel, s'en ai joie et paour,
Si que souvent chant la u du cuer plour,
Car lons respis m'esmaie et mescheance.

II. Ja de mon cuer n'istra maiz la samblance
12 Donc me conquist as mos plainz de douçour

et personne autant qu'elle ne comble mon désir.
J'aime mes yeux qui surent la remarquer.
Au moment où je l'ai vue, je lui ai laissé mon cœur
en otage; depuis il ne l'a pas quittée,
jamais je ne chercherai à le reprendre.

Va, chanson, porter ton message
là où je n'ose me rendre, même à la dérobée,
tant je redoute cette engeance de pervers,
– que Dieu les maudisse! –, qui révèlent
les bienfaits de l'amour avant même qu'ils n'arrivent.
Ils ont causé la douleur et la perte de maints amants
sur qui j'ai, hélas! ce cruel avantage d'être, malgré moi,
[à leur merci.

**

Dans sa beauté, le retour du printemps
m'envahit de douceur, à l'approche de Pâques,
quand bois et prés se revêtent de blanc, de rouge,
et se couvrent d'herbe et de fleurs.
Moi, hélas! je souffre de ne savoir
si celle qu'à mains jointes j'adore
me perdra ou me sera trésor.
Ma joie alors se mêle avec la peur
et je chante souvent quand pleure mon cœur,
brisé par cette longue attente et par mon infortune.

Jamais ne s'effacera de mon cœur
l'image de celle qui me conquit avec des mots si doux,

Cele qui j'ai du tout en ramembrance,
Si que mes cuers ne sert d'autre labour,
Ha! franche rienz, en qui j'ai ma fiance,
16   Merci, pour vostre honour!
Car s'en vous truis le samblant menteor,
Mort m'avrïez a loi de trahitour;
Si en vaudroit mout mainz vostre valour,
20 Se m'ociiez einsinc par decevance.

III. Ha! con m'a mort de debonaire lance
S'einsi me fait morir a tel dolour!
De ses biauz ieuz me vint sanz desfiance
24 Ferir u cors, que n'i ot autre tour;
Mout volontiers en preïsse vengance
    – Par Dieu le Creatour! –
Tel que mil foiz la peüsse le jour
28 Ferir u cuer d'autretele savour;
Ne ja certes n'en feïsse clamour,
Se j'eüsse de moi vengier poissance.

IV. Ne cuidiez pas, dame, que je recroie
32 De vous amer, se mors nel me desfent!
Quar fine amours tient mon cuer et maistroie,
Qui tout me done a vous entierement,
Si que je n'ai de moi confort ne joie
36   Et qu'il m'avient souvent
Que je m'oubli, pensant entre la gent;
Et tel delit ai en mon pensement
De vous, dame, a cui Amours me rent,
40 Que, s'a vous n'ert, ja parler ne querroie.

V. Ha! franche rienz, puiz qu'en vostre manaie
Me sui touz mis, trop me secourez lent,
Quar nus dons n'est cortoiz c'on trop delaie,
44 Si s'en esmaie cil qui si atent

celle dont je porte en moi le souvenir
et à qui mon cœur s'est donné tout entier.
Ah! noble amie à qui j'ai donné ma foi,
  sur votre honneur, ayez pitié de moi!
Si votre attitude n'était qu'un faux-semblant,
une telle trahison entraînerait ma mort;
et certes vous verriez vos mérites ternis
pour m'avoir tué ainsi par vos mensonges.

Ah! comme le coup mortel de cette lance m'est doux,
si je dois mourir de cette douleur-là!
Sans défi, ses beaux yeux me frappèrent,
en plein corps, dès le premier assaut.
Je n'en désire d'autre vengeance,
  par Dieu le créateur,
que de pouvoir, mille fois le jour,
percer son cœur d'aussi suaves traits.
Oui, je pourrais bien retirer ma plainte
s'il m'était donné de me venger ainsi.

Ne craignez pas, dame, que je renonce
à vous aimer, sauf si la mort me l'interdit;
c'est l'amour vrai qui domine et gouverne mon cœur
et me fait me consacrer tout entier à vous.
Rien d'autre ne m'est consolation ni joie,
  et souvent il m'advient
que l'on me trouve absent, plongé dans mes
                                    [pensées :
j'éprouve une telle joie, pensant à vous,
dame à qui l'amour me lie,
à personne d'autre je ne veux adresser la parole.

Ah! noble amie, comme vous tardez à me secourir
depuis que je me suis mis en votre pouvoir!
Don trop tardif n'est pas courtois;

Qu'uns petiz biens vaut mieuz – se Diex me voie!
    C'on fait courtoisement,
Que dui greigneur fait anuieusement,
48 Car qui le suen done retraianment
Son gré en pert, et si couste ausement
Con a celui qui volontiers l'otroie.

    VI. Chançon, va t'en la u mes cuers t'envoie
52   (Ne l'os dire autrement) :
La trouveras, se mes cuers ne me ment,
Cors sanz merci, graille, gras, blanc et gent,
Simple et sage, de dolz acointemant,
56 Et vis riant et grant biauté veraie.

l'angoisse presse celui qui l'attend.
Une mince faveur, obligeamment accordée, a plus de
    — que Dieu m'écoute! —   [prix,
que deux plus importantes, concédées à regret,
car celui qui donne avec réticence
perd tout bénéfice et il lui en coûte autant
qu'à celui qui offre de bonne grâce.

    Va, chanson, en ce lieu où mon cœur t'envoie,
      — je n'ose être plus clair —
là où tu verras, si mon cœur ne me trompe,
ce corps blanc, paré de toutes les grâces,
cette tendre beauté, claire et limpide mais insensible à
                                 [la pitié,
dans l'éclat d'un sourire, la beauté la plus pure.

CONON DE BÉTHUNE

Né vers le milieu du XIIe siècle, Conon de Béthune est issu d'une illustre famille du nord qui descendait peut-être des anciens comtes d'Artois. Il a dû séjourner vers 1180 à la cour de France où ses chansons et surtout ses « mots d'Artois » ne furent guère appréciés de la reine Alix ni de son fils Philippe-Auguste ni de la comtesse Marie de Champagne si l'on en croit ces vers souvent cités :

> La Roïne n'a pas fait ke cortoise,
> Ki me reprist, elle et ses fieus, li Rois.
> Encor ne soit ma parole franchoise,
> Si la puet on bien entendre en franchois;
> Ne chil ne sont bien apris ne cortois,
> S'il m'ont repris se j'ai dit mos d'Artois,
> Car je ne fui pas norris a Pontoise
>
> (III, vv. 8-14).

Conon de Béthune participa en 1189 à la troisième croisade mais joua surtout un rôle prépondérant lors de la quatrième croisade. Dans la *Conquête de Constantinople,* Villehardouin vante non seulement la prouesse mais les talents d'orateur de celui dont il rapporte deux discours aussi fermes de ton que de contenu. Après la prise de la ville et l'établissement du royaume franc, il devint sénéchal puis régent (en 1219) du nouveau royaume. Il mourut en 1219 ou 1220.

Conon fut initié très tôt à la poésie par un autre trouvère qui fut aussi son parent, Huon d'Oisi « *mon maistre/qui m'a apris a chanter tres m'enfance* » (V, vv. 51-52). Souvent très agressives, attaquant à plusieurs reprises la dame qui, telle la « louve sauvage », l'a trahi, les sept chansons d'amour de Conon contrastent par leur vivacité, leur mordant, par les éléments biographiques qu'elles semblent parfois évoquer, avec celles de ses contemporains comme Gace Brulé ou le Châtelain de Coucy. Il en va de même de la chanson de croisade que nous donnons (XLVII), composée avant son départ pour la troisième croisade, et où l'on peut lire, à côté des développements traditionnels et du sincère élan religieux, une satire violente des femmes faciles et des chevaliers lâches.

Le texte des chansons est établi d'après le ms *T* et l'éd. Wallensköld, le texte de la chanson de croisade d'après le ms. *M*.

XIV. SE RAIGE ET DERVERIE

    I. Se raige et derverie
Et destrece d'amer
M'a fait dire folie
4 Et d'amors mesparler,
Nus ne m'en doit blasmer.
S'ele a tort mi fausnie,
Amors, qui j'ai servie,
8 Ne me sai ou fïer.

    II. Amors, de felonie
Vous vaurai esprover :
Tolu m'avés la vie
12 Et mort sans deffïer.
La m'avés fait penser
Ou ma joie est perie;
Cele qui jou em prie
16 Me fait d'autre esperer.

    III. Plus est belle k'imaige
Cele ke je vos di,
Mais tant a vil coraige,
20 Anuieus et failli,
K'ele fait tot ausi
Com la leuve sauvaige
Ki des leus d'un boskaige
24 Trait le pieur a li.

    IV. N'a pas grant vasselaige
Fait, s'ele m'a traï;
Nus ne l'en tient por saige
28 Ki son estre ait oï;
Mais puis k'il est ensi
K'ele a tort m'i desgaige,

Si la fureur et la folie
et le désespoir d'amour
m'ont poussé à tenir des propos insensés
et à médire de l'amour,
personne ne doit m'en blâmer.
Si l'amour que j'ai loyalement servi
me trahit sans raison,
je ne sais à qui me fier.

Amour, je veux
vous convaincre de trahison :
vous m'avez privé de la vie,
vous m'avez tué sans m'avoir défié :
vous avez attaché mes pensées
là où ma joie est morte;
celle à qui désormais j'adresse mes prières
me laisse tout autre espoir.

Celle dont je vous parlais
est plus belle qu'une idole
mais son cœur est si vil,
si dur et si trompeur
qu'elle se conduit
comme la louve farouche
qui, de tous les loups du bois,
attire à elle le pire.

Elle n'a pas fait un exploit
en me trahissant.
Tous ceux qui l'ont appris
ont jugé son attitude insensée;
mais puisqu'il est ainsi,
qu'elle me renie sans raison,

Je li renc son homaige
32 Et si me part de li.

V. Mout est la terre dure
Sans eve et sans humor
Ou j'ai mise ma cure,
36 Mais n'i keudrai nul jor
Fruit ne foille ne flor,
S'est bien tans et mesure
Et raisons et droiture
40 Ke li rende s'amor.

je récuse l'hommage que je lui avais fait
et je l'abandonne.

    La terre est bien aride
où j'avais mis tous mes soins,
elle n'a ni eau ni sève.
Jamais je n'y pourrai cueillir
fruit, feuille ni fleur.
Il est donc bien temps, il est donc bien juste
que, considérant droit et raison,
je lui rende son amour.

RICHART DE SEMILLI

L'activité poétique de ce trouvère sur lequel nous n'avons aucun élément biographique est généralement située vers la fin du XIIe siècle. Il nous reste de lui sept chansons d'amour, deux pastourelles et une chanson de mal-mariée. Ses chansons à refrain se caractérisent par une facilité certaine de versification et par la grâce ironique avec laquelle elles se jouent des thèmes traditionnels du *grant chant*.

Texte établi d'après l'édition Steffens et le manuscrit *K*, notamment pour la strophe VI.

I. Nous venions l'autrier de joer
   et de resver,
moi et mi conpaing et mi per,
car jolif cuer nos maine.
   L'amour n'est pas vilaine
   qui ensi nos demaine.

II. De Paris encontrasmes, ce cuit,
    le greigneur bruit
des dames qui vont en deduit
au pardon outre Saine.
   L'amour n'est pas vilaine
12 *qui ensi nos demaine.*

III. La plus bele du mont i choisi,
     dame a mari,
par pou que son non ne vous di :
touz jorz me met en paine.
   L'amour n'est pas vilaine
18 *qui ensi nos demaine.*

IV. Ele ot euz verz, un chief si blondet,
    vis vermeillet,
douche bouche, douz mentonet,
une doucete alaine.
   L'amour n'est pas vilaine
24 *qui ensi nos demaine.*

V. Tuit li deduit du mont sont en li,
   onc ce ne vi,
car ele chante sanz merci,
cler conme une seraine.
   L'amour n'est pas vilaine
30 *qui ensi nos demaine.*

L'autre jour nous venions
de follement nous amuser,
mes compagnons et moi,
car nous sommes d'humeur joyeuse.
  L'amour n'est pas vilaine
  qui ainsi nous entraîne.

Nous avons rencontré, venant de Paris je crois,
des dames parmi les plus illustres,
qui se rendaient joyeusement
au pardon, sur l'autre rive de la Seine.
  L'amour n'est pas vilaine
  qui ainsi nous entraîne.

J'ai remarqué la plus belle,
elle est mariée,
je pourrais vous dire son nom.
Elle ne cesse de me faire souffrir.
  L'amour n'est pas vilaine
  qui ainsi nous entraîne.

Elle a les yeux verts, les cheveux blonds,
le visage coloré,
douce la bouche, doux le petit menton,
douce l'haleine.
  L'amour n'est pas vilaine
  qui ainsi nous entraîne.

Elle réunit en elle tous les plaisirs du monde,
je n'ai jamais vu sa pareille;
et elle va chantant sans trêve,
sa voix est claire comme celle d'une sirène,
  L'amour n'est pas vilaine
  qui ainsi nous entraîne.

VI. Je ne chant pas pour ce qu'ele maint
   ne ne bé point
car plus vaillant trouveroit maint.
Plus est blanche que laine.
   L'amour n'est pas vilaine
36   *qui ensi nos demaine.*

Ma chanson n'est pas pour la retenir,
tel n'est pas mon désir :
on peut en trouver bien d'autres qui valent davantage.
Elle est plus blanche que laine.

L'amour n'est pas vilaine
qui ainsi nous entraîne.

THIBAUT DE CHAMPAGNE

Thibaut IV, comte de Champagne et de Brie, puis roi de Navarre, était le petit-fils d'Henri le Libéral et de Marie de Champagne, protectrice de Chrétien de Troyes, de Gace Brulé etc. Fils posthume de Thibaut III qui mourut brutalement au moment où il devait prendre la direction de la quatrième croisade (en 1201), Thibaut participa, très jeune encore, à la bataille de Bouvines puis aux campagnes de Louis VIII contre les Anglais en 1224 et en 1226. Mais à la mort du roi, Thibaut fit partie des vassaux qui se liguèrent contre l'autorité de la régente, Blanche de Castille. Rébellion qui alterna avec des périodes de réconciliation et se termina, en 1236, par la soumission définitive du comte. Cette attitude hostile rend peu crédible la légende, répandue pourtant dans des chroniques contemporaines, selon laquelle Blanche de Castille serait la dame aimée et célébrée par le trouvère.

Devenu roi de Navarre à la mort, en 1234, de son oncle maternel Sanche le Fort, Thibaut, qui s'était croisé dès 1230, ne prit la route de Saint-Jean-d'Acre qu'en août 1239. Son action en Terre Sainte, plus diplomatique que militaire (il ne participa pas à la désastreuse bataille de Gaza), dans un royaume en proie aux guerres civiles, ne connut guère de succès et

Thibaut revint en France dès 1240. Il prit part, en 1242, aux côtés de Louis IX, à l'expédition contre les Anglais et aux batailles de Taillebourg et de Saintes et mourut à Pampelune en 1253.

L'œuvre poétique de Thibaut, où rien ne transparaît, d'une vie active et mouvementée, sinon son engagement sincère de croisé, se caractérise d'abord par son ampleur et sa diversité. Il nous reste de lui cinquante-trois pièces d'attribution certaine, données par trente-deux manuscrits. Ce nombre élevé atteste la faveur et la réputation qu'il a d'emblée obtenues. Les genres les plus importants de la lyrique d'oïl s'y trouvent représentés avec trente-sept chansons, neuf jeux-partis sur des sujets de casuistique amoureuse, cinq débats, trois chansons de croisade, quatre chansons à la Vierge et un lai religieux, une pièce politique dénonçant les intrigues des barons francs de Syrie et deux pastourelles.

Chansons à la Vierge et chansons de croisade expriment une ferveur réelle et une grande conviction. Dans ses chansons d'amour, Thibaut reste le plus souvent fidèle aux thèmes développés par ses prédécesseurs. On retiendra cependant l'originalité parfois prenante des comparaisons qui fondent certains de ses plus beaux poèmes, la rêverie allégorique qui les unit à l'imaginaire des Bestiaires, au monde des amoureux mythiques, Tristan, Pyrame, Narcisse, ou, plus simplement, à une nature aussi soigneusement cultivée que le verger d'amour où s'épanouit cette poésie raffinée.

Thibaut de Champagne fut également un habile technicien du vers. Ses chansons sont d'une facture à la fois classique et souple et les rimes, suffisantes, ne témoignent dans l'ensemble d'aucune recherche particulière. Ces qualités de juste mesure, d'équilibre et d'harmonie expliquent sans doute le succès immédiat et durable du trouvère qui, selon l'auteur des *Grandes Chroniques de France* (année 1230) « fist entre luy et

Gace Brulé les plus belles chansons et les plus delitables et melodieuses qui onques fussent oïes en chançon ne en vielle » et que Dante a justement placé, dans le *De Vulgari Eloquentia*, au rang des plus grand poètes.

Le texte des chansons, chansons d'amour (n° XVI à XX), chanson à la Vierge (n° XXXV), chanson de Croisade (n° XLIX) a été établi d'après l'édition Wallensköld et le manuscrit *K*. Les envois, qui manquent souvent dans *K*, sont donnés d'après le texte de l'édition. Le texte du jeu-parti entre Thibaut et Guillaume le Vinier (n° XXVI) est celui de l'édition Ph. Ménard de Guillaume le Vinier.

XVI. AUSI CONME UNICORNE SUI

  I. Ausi conme unicorne sui
Qui s'esbahist en regardant,
Quant la pucele va mirant.
Tant est lië de son ennui,
5 Pasmee chiet en son giron;
Lors l'ocit on en traïson.
Et moi ont mort d'autel senblant
Amors et ma dame por voir.
9 Mon cuer ont, n'en puis point ravoir.

  II. Dame, quant je devant vous fui
Et je vous vi premierement,
Mes cuers aloit si tressaillant
Que il remest quant je m'en mui.
14 Lors fu menez sanz raençon
En la douce chartre en prison
Dont li piler sont de talent,
Et li huis sont de biau veoir
18 Et li anel de bon espoir.

  III. De la chartre a la clef Amors
Et si i a mis trois portiers :
Biau Senblant a non li premiers,
Et Biauté ceus en fet seignors;
23 Dangier a mis a l'uis devant,
Un ort felon vilain puant,
Qui mult est maus et pautoniers.
Ci[l] troi sont et vuiste et hardi :
27 Mult ont tost un honme saisi.

  IV. Qui porroit souffrir les tristors
Et les assauz de ces huisiers?
Onques Rollans ne Oliviers

Je suis semblable à la licorne
qui contemple, fascinée,
la vierge que suit son regard.
Heureuse de son tourment,
elle tombe pâmée en son giron,
proie offerte au traître qui la tue.
Ainsi de moi, je suis mis à mort.
Amour et ma dame me tuent.
Ils ont pris mon cœur, je ne peux le reprendre.

Dame, quand je fus pour la première fois
devant vous, quand je vous vis,
mon cœur si fort tressaillit
qu'il est resté auprès de vous quand je partis.
Alors il fut emmené sans rançon
et enfermé dans la douce prison
dont les piliers sont de désir,
les portes de contemplation,
et les chaînes, de bon espoir.

Amour a la clef de la prison,
il la fait garder par trois portiers :
Beau Visage a nom le premier,
Beauté exerce ensuite son pouvoir;
Obstacle est mis devant l'entrée,
un être sale, félon, vulgaire et puant,
plein de malveillance et de scélératesse.
Ces gardiens rusés et rapides
ont tôt fait de se saisir d'un homme!

Qui pourrait supporter les brimades
et les assauts de ces geôliers?
Jamais Roland ni Olivier

Ne vainquirent si fors estors;
32 Il vainquirent en conbatant,
Mes ceus vaint on humiliant,
Soufrirs en est gonfanoniers;
En cest estor dont je vous di,
36 N'a nul secors que de merci.

     V. Damé, je ne dout mes riens plus
Fors tant que faille a vous amer.
Tant ai apris a endurer
Que je sui vostres tout par us;
41 Et se il vous en pesoit bien,
Ne m'en puis je partir pour rien
Que je n'aie le remenbrer
Et que mes cuers ne soit adés
45 En la prison, et de moi prés.

* *
*

XVII. CHANÇON FERAI, CAR TALENT M'EN
EST PRIS

    I. Chançon ferai, car talent m'en est pris,
De la meilleur qui soit en tout le mont.
De la meilleur? Je cuit que j'ai mespris.
S'ele fust teus, se Deus joie me dont,
5 De moi li fust aucune pitié prise,
Qui sui touz siens et sui a sa devise.
Pitiez de cuer, Deus! que ne s'est assise
En sa biauté! Dame, qui merci proi,
   Je sent les maus d'amer por vos,
10   *Sentez les vos por moi?*

ne remportèrent de si rudes batailles.
Ils triomphèrent, les armes à la main,
mais ceux-là, seule Humilité peut les vaincre
dont Patience est le porte-étendard.
En ce combat dont je vous parle,
il n'est d'autre recours que la pitié.

Dame, je ne redoute rien tant
que de manquer à vous aimer.
J'ai tant appris la souffrance
qu'elle m'a lié tout entier à vous.
Et même s'il vous déplaisait,
je ne pourrais renoncer à vous
sans emporter au moins mes souvenirs.
Mon cœur, lui, restera en prison,
et peut-être moi-même.

***

Que mon chant s'élève, tel est mon désir,
pour célébrer la meilleure dame du monde.
La meilleure? Je crois que je me trompe!
Dieu! S'il en était ainsi,
elle aurait eu envers moi un geste de pitié,
moi qui suis tout à elle, tout à sa volonté.
Cette pitié qui vient du cœur, que ne s'unit-elle
à sa beauté! Dame, vous que j'implore,
  Je ressens pour vous les maux d'amour,
  et vous, les sentez-vous pour moi?

II. Douce dame, sanz amor fui jadis
Quant je choisi vostre douce façon;
Et quant je vi vostre tres biau cler vis,
14 Si me raprist mes cuers autre reson;
De vos amer me semont et justise,
A vos en est, a vostre conmandise.
Li cors remaint, qui sent felon juïse,
18 Se n'en avez merci de vostre gré.
   Li douz maus dont j'atent joie
    M'ont si grevé
21   *Mort sui, s'ele m'i delaie.*

III. Mult a Amors grant force et grant povo
Qui sanz reson fet choisir a son gré.
Sanz reson? Deus! je ne di pas savoir,
Car a mes euz en set mon cuer bon gré,
26 Qui choisirent si tres bele senblance
Dont jamés jor ne ferai desevrance,
Ainz souffrirai por li grief penitance,
Tant que pitiez et merciz l'en prendra.
   Diré vos qui tot mon cuer enblé m'a?
31   *Li douz ris et li bel œil qu'ele a.*

IV. Douce dame, s'il vos plesoit un soir,
M'avrïez vos plus de joie doné
C'onques Tristans, qui en fist son povoir,
N'en pout avoir nul jor de son aé;
36 La moie joie est tornee a pesance.
Hé, cors sanz cuer! de vos fet grant venjance
Cele qui m'a navré sanz defïance,
Et neporquant je ne la lerai ja.
   L'en doit bien bele dame amer,
41   *Et s'amor garder, qui l'a.*

Douce dame, je vivais jadis sans amour,
mais quand vous m'êtes apparue dans toute votre grâce,
quand j'ai vu l'éclat de votre beau visage,
mon cœur m'a appris un tout autre langage
et depuis il m'exhorte sans cesse à vous aimer.
Il est à vous, il s'est remis entre vos mains,
mon corps, lui, demeure, condamné qu'il est à une peine
[cruelle
si vous ne décidez pas d'en avoir pitié.
   Les doux maux, — la joie en naîtra-t-elle? —
   m'ont tant meurtri,
   je vais mourir si cette attente se prolonge.

   Grande est la force d'amour qui, dans sa puissance,
impose aveuglément son choix.
Aveuglément? Dieu! quelle parole insensée!
Non, mon cœur est pour mes yeux plein de grati-
[tude
d'avoir su reconnaître cette beauté nonpareille.
Jamais ce lien ne verra sa brisure,
dussé-je supporter pour elle bien rude pénitence,
avant qu'elle n'accepte de me prendre en pitié.
   Les voleurs de mon cœur, vous les nommerai-je?
   Son doux sourire et ses beaux yeux.

   Douce dame, si un soir vous le vouliez bien,
vous me donneriez plus de joie
que jamais Tristan, qui mit pourtant tout en œuvre,
ne put en obtenir tout au long de sa vie.
Ma joie à moi s'est changée en douleur.
Ah! corps sans cœur, elle se venge bien de vous,
celle qui m'a blessé sans m'avoir défié!
Et pourtant je ne la quitterai pas :
   Belle dame, il faut l'aimer
   et si on l'a, son amour garder.

V. Dame, por vos vueil aler foloiant,
Que je en aim mes maus et ma dolor,
Qu'aprés les maus ma grant joie en atent
Que j'en avrai, se Deus plest, a brief jor.
46 Amors, merci! ne soiez oublïee!
S'or me failliez, c'iert traïson doublee,
Que mes granz maus por vos si fort m'agree.
Ne me metez longuement en oubli!
Se la bele n'a de moi merci,
51 *Je ne vivrai mie longuement ensi.*

VI. Sa grant biautez, qui m'esprent et agree,
Qui seur toutes est la plus desirree,
M'a si lacié mon cuer en sa prison,
Deus! je ne pens s'a li non.
56 *A moi que ne pense ele donc!*

***

XVIII. CHANTER M'ESTUET CAR NE M'EN PUIS TENIR

I. Chanter m'estuet car ne m'en puis tenir,
Et si n'ai je fors ennui et pesance;
Mes tout adés se fet bon resjoïr,
4 Qu'en fere duel nus del mont ne s'avance.
Je ne chant pas com hons qui soit amez,
Mes com destroiz, pensis et esgarez,
Que je n'ai mes de bien nule esperance,
8 Ainz sui toz jorz par parole menez.

II. Je vous di bien une riens sanz mentir :
Qu'en Amors a eür et grant cheance.

Dame, pour vous je veux vivre comme un fou,
aimant mes maux, aimant ma douleur,
car après les maux, je l'attends, la joie viendra,
et je l'aurai, s'il plaît à Dieu, très bientôt.
Amour! pitié! Songez à moi!
Vous dérober maintenant serait une double trahison
car j'accepte avec joie de souffrir pour vous.
Ne m'oubliez pas pendant trop longtemps!
Si la belle n'a de moi pitié,
je ne survivrai pas longtemps ainsi.

Je brûle sous le charme de sa beauté
que je désire plus que toute autre,
elle qui retient mon cœur captif en sa prison.
Dieu! je ne pense qu'à elle.
Que ne pense-t-elle à moi!

*
* *

Irrésistible la force qui me pousse à chanter
alors que je n'éprouve que peines et que tourments,
mais désormais je vais célébrer la joie
car dire la douleur est un effort stérile.
Mon chant, hélas! n'est pas celui d'un homme aimé
mais d'un être tourmenté, inquiet et incertain,
qui a perdu toute espérance de bonheur
et que leurrent sans cesse de vaines paroles.

Je puis vous dire en toute certitude
qu'Amour est source de bonheur et de grandes faveurs.

Se je de li me poïsse partir,
12 Melz me venist qu'estre sires de France.
Ore ai je dit com fous desesperez :
Melz aim morir recordant ses biautez
Et son grant sens et sa douce acointance
16 Qu'estre sires de tout le mont clamez.

III. Ja n'avrai bien, gel sai a escïent,
Qu'amors me het et ma dame m'oublie.
S'est il resons, qui a amer entent,
20 Q'il ne dout mort ne paine ne folie.
Puis que me sui a ma dame donez,
Amors le veut, et quant il est ses grez,
Ou je morrai ou je ravrai m'amie,
24 Ou ma vie n'iert mie ma santé.

IV. Li fenix qiert la busche et le sarment
En quoi il s'art et gete fors de vie.
Ausi quis je ma mort et mon torment
28 Qant je la vi, se pitiez ne m'aïe.
Deus! tant me fu li voers savorez
Dont j'avrai puis tant de maus endurez!
Li souvenirs me fet morir d'envie
32 Et li desirs et la grant volenté.

V. Mult est amors de merveilleus povoir,
Qui bien et mal fet tant com li agree.
Moi fet ele trop longuement doloir,
36 Resons me dit que g'en ost ma pensee.
Mes j'ai un cuer, ainz teus ne fu trovez,
Touz jorz me dit : « Amez! amez! amez! »
N'autre reson n'iert ja par lui moustree.
40 Et j'amerai, n'en puis estre tornez.

Si je pouvais pourtant m'en détacher,
je m'en trouverais mieux que d'être roi de France.
Mais ce sont là paroles d'un fou de désespoir :
je préfère mourir dans le souvenir de mon amie, de sa
                                                    [beauté,
de sa grande sagesse, de ses douces manières,
que d'être proclamé seigneur du monde.

Je ne serai jamais heureux, je le sais bien :
Amour m'a pris en haine et ma dame m'oublie.
Qui se consacre à lui, pourtant, ne saurait craindre
ni les tourments ni la folie ni la mort.
Je me suis donné à ma dame,
telle est la volonté d'Amour, tel son bon plaisir
et je mourrai si elle ne me revient :
sans mon amie, vivre me sera un mal.

Comme le phénix recherche la bûche et le sar-
qui le brûlent et l'arrachent à la vie,   [ment
j'ai recherché ma mort et mon tourment
le jour où je l'ai vue,
si maintenant toute pitié m'est refusée.
Dieu! quelles délices quand je la regardai!
Et comme, ensuite, j'en ai souffert!
Le souvenir me tue de tant la désirer,
et l'extrême ardeur de ma passion me consume.

Étrange est le pouvoir d'Amour
qui donne le bien ou le mal suivant son bon plaisir.
Voici bien longtemps qu'il m'inflige la souffrance
et Raison me dit de renoncer.
Mais mon cœur, à nul autre pareil,
sans cesse me répète : « aimez! aimez! aimez! »
sans savoir me tenir un autre discours.
J'aimerai donc, je ne puis m'y soustraire.

VI. Dame, merci! qui touz les biens savez.
Toutes valors et toutes granz bontez
Sont plus en vous qu'en dame qui soit nee.
44 Secourez moi, que fere le poez.

***

XIX. POR MAU TENS NE POR GELEE

I. Por mau tens ne por gelee
Ne por froide matinee
Ne por nule autre riens nee
4 Ne partirai ma pensee
D'amors que j'ai,
Que trop l'ai amee
De cuer verai.
8 *Valara!*

II. Bele et blonde et coloree,
Moi plest quan q'il vos agree.
Hé! Deus! car me fust donee
12 L'amor que vous ai rouvee
Quant vous priai.
S'ele m'est veee,
Je me morrai.
16 *Valara!*

III. Dame, en la vostre baillie
Ai mis mon cuer et ma vie,
Por Deu, ne m'ocïez mie!
20 La ou fins cuers s'umilie
Doit on trouver
Merci et aïe

Dame de haute sagesse, vous qui êtes douée,
plus que nulle autre, de toutes les vertus,
de toutes les bontés, j'implore votre pitié.
Venez à mon secours, cela vous le pouvez!

*

Ni mauvais temps ni gelée,
ni froidure matinale,
ni aucun être au monde
ne pourront détourner ma pensée
d'un amour que j'ai.
Je l'ai tant aimée,
d'un cœur sincère.
   Valara!

Blonde beauté pleine d'éclat,
me plaît tout ce qui vous agrée.
Ah! Dieu, qu'il me soit donné,
l'amour que je vous ai demandé
par mes prières!
S'il m'est refusé,
j'en mourrai.
   Valara!

Dame, en votre pouvoir
j'ai mis mon être et ma vie.
Par Dieu, ne me tuez pas!
Un cœur sincère
qui s'humilie
appelle un geste de pitié

Pour conforter.
24   *Valara!*

    IV. Dame, faites cortoisie!
Plaise vos que en ma vie
Iceste parole die :
28 « Ma bele, tres douce amie
    Vos os nommer,
    C'onques n'oi envie
    D'autrui amer. »
32   *Valara!*

    V. Onques jor ne me soi plaindre,
tant seroit ma dolor graindre;
Ne d'amer ne me sai faindre,
36 Ne mes maus ne puis estaindre
    Se je ne di
    Que touz vueil remaindre
    En sa merci.
40   *Valara!*

    VI. Trop seroit fort a estaindre
Chançons de li;
L'amors est a fraindre,
44 Dont pens a li.
    Valara!

*
* *

XX. TOUT AUTRESI CON L'ENTE FET VENIR

    I. Tout autresi con l'ente fet venir
    Li arrousers de l'eve qui chiet jus,

qui le console.
Valara!

Dame, soyez courtoise!
qu'il m'arrive dans ma vie
de dire :
« Ma belle, j'ose vous appeler
ma très douce amie,
car jamais je n'eus le désir
d'en aimer une autre. »
Valara!

Jamais je n'ai su me plaindre,
si intense soit ma douleur,
et je ne sais non plus renoncer à aimer
ni ne peux apaiser mes tourments
sinon en disant
que je veux tout entier rester
en sa merci.
Valara!

Comment rafraîchir la brûlure
de ce chant d'amour?
Que s'apaise l'ardeur
de mes pensées pour elle!
Valara!

*
* *

Tout comme la greffe grandit
sous la pluie des gouttes qui l'arrosent,

Fet bone amor nestre et croistre et florir
Li ramenbrers par coustume et par us.
5 D'amors loial n'iert ja nus au desus,
Ainz li couvient au desouz maintenir.
Por c'est ma douce dolor
  Plaine de si grant poor.
  Dame, si faz grant vigor
10   De chanter quant de cuer plor.

  II. Pleüst a Dieu, por ma dolor garir,
Qu'el fust Tisbé car je sui Piramus!
Mes je voi bien ce ne puet avenir,
Ensi morrai car ja n'en avrai plus.
15 Ahi, bele! tant sui pour vous confus,
Que d'un qarrel me venistes ferir,
  Espris d'ardant feu d'amor,
  Quant vos vi le premier jor.
  Li ars ne fu pas d'aubor
20   Qui si trest par grant douçor!

  III. Dame, se je servise Dieu autant
Et priasse de verai cuer entier
Con je faz vous, je sai certainement
Qu'en Paradis n'eüst autel loier;
25 Mes je ne puis ne servir ne prier
Nului fors vous a qui mes cuers s'atent,
  Si ne puis apercevoir
  Que ja joie en doie avoir,
  Ne je ne vos puis vooir
30   Fors d'euz clos et de cuer noir.

  IV. La prophete dit voir, qui pas ne ment,
Car en la fin faudront li droiturier,
Et la fins est venue voirement,
Que cruautez vaint merci et prier,
35 Ne servises ne puet avoir mestier,

l'amour naît, croît et s'épanouit
si l'amant en nourrit sans cesse le souvenir.
Personne ne peut prétendre régner sur l'amour vrai.
Il requiert une constante soumission.
    Pour cela, au doux mal de mon amour,
    s'ajoute un grand effroi.
    Dame, il me faut un grand courage
    pour chanter le cœur en pleurs.

    Plût à Dieu qu'elle me fût Thisbé
pour calmer ma douleur, moi qui suis son Pyrame!
C'est impossible, je le sais bien,
et je mourrai sans rien obtenir d'elle.
Oh! ma beauté, quelle cruelle atteinte
que celle de cette flèche dont vous m'avez blessé,
    embrasée des feux de l'amour,
    le premier jour où je vous vis!
    L'arc n'était pas d'aubourc
    qui décochait de si doux traits!

    Dame, si je servais Dieu comme je vous sers,
si je le priais avec la même ferveur,
ma récompense, je le sais bien,
serait plus grande en Paradis.
Mais je ne peux servir, mais je ne peux prier
que vous seule à qui mon cœur se donne
    sans espoir, pourtant,
    de connaître la joie,
    puisque je ne peux vous voir
    que les yeux clos et le cœur noir.

    Le prophète dit vrai qui annonce
qu'à la fin des temps les justes trahiront.
Ces temps, vraiment, sont advenus,
où cruauté triomphe de pitié,
où il est vain de prier et de servir

Ne bone amor, n'atendre longuement,
   Ainz a plus orgueil povoir,
   Et beubanz que douz vouloir,
   N'encontre Amor n'a savoir
40   Q'atendue sanz espoir.

   V. Aygles, sanz vos ne puis merci trouver.
Bien sai et voi qu'a touz biens ai failli
Se vous ensi me volez eschiver,
Que vous de moi n'aiez quelque merci.
45 Ja n'avrez mes nul si loial ami
Ne ne porroiz a nul jor recovrer.
   Et je morrai chetis,
   Ma vie sera mes pis
   Loing de vostre biau cler vis
50   Ou nest la rose et li lis.

   VI. Aygles, j'ai touz jorz apris
   A estre loiaus amis;
   i me vaudroit melz un ris
54   De vous qu'autre paradis.

et d'aimer longtemps d'un amour vrai
mais où orgueil et forfanterie
écrasent l'humble désir
et où, face à l'amour, ne reste
qu'une attente sans espoir.

Aigle, vous êtes mon seul secours.
J'ai tout perdu, je le sais, je le vois,
si vous voulez ainsi vous dérober
sans éprouver pour moi quelque pitié.
Jamais pourtant, non, jamais,
vous ne retrouverez amant aussi loyal
et moi, je mourrai misérable,
et la vie me sera insupportable,
loin de la clarté de votre beau visage
où naissent la rose et les lis.

Aigle, j'ai toujours su
être un amant loyal.
Un sourire venu de vous,
je le préférerais au Paradis.

RAOUL DE SOISSONS

Raoul de Soissons, seigneur de Cœuvres, appartenait à la famille de Nesle. Son père prit part à la bataille de Bouvines. Grand ami de Thibaut de Champagne, il s'embarqua avec lui à Marseille, en 1239, pour la croisade. Grâce à son mariage, en 1240, avec Alix, fille du comte Henri de Champagne et de la reine Isabelle de Jérusalem, il fut un temps régent du royaume de Jérusalem. Mais, découragé par les intrigues du parti des Ibelin et des barons syriens, il abandonna en 1243 femme et régence et rentra en France. En 1270 cependant il repartit pour la septième croisade. On perd ensuite sa trace.

L'activité poétique de Raoul semble se situer essentiellement entre 1243 et 1255. Dans la pure tradition du *grant chant*, il utilise avec aisance des mètres variés et, si les topiques habituels constituent une part importante de la thématique de ses poèmes, l'appel des circonstances lui fait y mêler de fréquentes allusions aux pays traversés et renouveler parfois les images traditionnelles. Ainsi de la comparaison insolite entre la blessure d'amour et la piqûre du scorpion :

Mult fet douce bleceüre
Bone Amour en son avenir,

Et melz vaudrait la pointure
D'un escorpion sentir
Et morir,
Que de ma dolor languir (XII, vv. 14-19).

Le texte des deux *chansons* que nous donnons est celui de
l'édition Winkler (IV et XV). La *chanson* XV n'est attribuée à
Raoul que dans un seul manuscrit, mais tout permet de penser
qu'elle est bien du trouvère.

XXI. CHANÇON LEGIERE A CHANTER

I. Chançon legiere a chanter
Et plesant a escouter
Ferai conme chevaliers,
Pour ma grant dolor mostrer
5 La ou je ne puis aler,
Ne dire mes desiriers;
Si me sera grant mestiers
Qu'ele soit bone et legiere,
Pour ce que de ma priere
10 Me soit chascuns mesagiers
Et amis et amparliers
A ma douce dame chiere.

II. De ma douce dame amer
Ne me sai amesurer,
15 Ainz i pens si volontiers
Qu'en la joie du penser
Me fet Amors oublier
Touz ennuis et touz dangiers;
Ha! tant m'est douz li veilliers,
20 Quant recort sa douce chiere
Et sa tres bele maniere!
Lors puis de deus eschekiers
Doubler les poinz touz entiers
De fine biauté entiere.

25 III Bien seroit de joie plains
Qui porroit estre certains
De s'amor par un besier;
Hé las! c'est ma plus grant fains;
Mes de souspirs et de plains
30 Sont mi boivre et mi mengier,
N'autres delices ne qier

Je vais, en vrai chevalier,
composer une chanson
aisée à chanter, plaisante à écouter,
pour dire ma douleur
en ce lieu où je ne peux me rendre
et où je ne peux exprimer mon désir.
Aussi il faut absolument
qu'elle soit agréable et facile
afin de faire de chaque interprète
un ami et un messager convaincant
auprès de la douce dame de mon cœur.

L'amour que je porte à ma dame,
je n'en sais pas la mesure,
mais je le vis avec une telle ardeur
qu'en la joie où je suis alors plongé,
il me fait oublier
tous les chagrins et toutes les embûches.
Ah! comme veiller m'est délicieux,
dans le souvenir de son doux visage
et de ses gestes pleins de grâce!
Comme le nombre de points
que je pourrais miser sur un double échiquier,
sa beauté est infinie.

Il serait comblé de joie
celui qui pourrait être sûr
de gagner son amour dans un baiser;
Hélas! j'en meurs de faim,
mais les soupirs et les plaintes
sont mon breuvage et toute ma nourriture,
et je ne cherche d'autres délices

Tant com de li me souviengne,
Car, quant plus mes maus m'engraigne,
Plus le truis douz et legier,
35 Quant Amors me fet cuidier
Que par li santé me viengne.

IV. Bele dame, droiz cors sainz,
Je vous enclin jointes mains
Au lever et au couchier,
40 Car, quant plus vous sui lointains,
Plus vous est mes cuers prochains
De penser et de veillier;
Et se merci vous reqier,
Ançois que mort me soupraigne,
45 Pour Dieu pitié vous en praigne,
Car ne voudroie changier
La joie de vous songier
A l'empire d'Alemaigne.

V. Quant je voi vostre cler vis
50 Et je puis avoir vo ris
De voz biaus euz esmerez,
Sachiez que moi est avis
Que d'un rai de paradis
Soit mes cors enluminez;
55 Car vostre plesant bontez,
Qui tant est fine et veraie,
Me fet oublier la plaie
Dont je sui el cors navrez;
Mes n'en puis estre sanez
60 Sanz vostre douce manaie.

VI. Ma dame a, ce m'est avis,
Verz euz rianz, bruns sorcis,
Cheveus plus biaus que dorez,
Biau front, nes droit, bien assis,

que de vivre en songeant à elle
car, plus ma douleur grandit,
plus elle me semble douce et légère à porter :
Amour veut me persuader
que je recouvrerai ainsi la santé.

Belle Dame, précieuse icône,
mains jointes je vous vénère,
à mon lever, à mon coucher
car plus je suis loin de votre personne,
plus mon cœur se rapproche de vous
tandis que je veille.
Et si j'implore votre grâce
avant d'être surpris par la mort,
au nom de Dieu, ayez pitié de moi
qui ne voudrais changer
la joie de rêver à vous
contre tout l'empire d'Allemagne.

Quand je vois votre clair visage
et que je puis saisir un regard souriant
dans le scintillement de vos yeux,
sachez-le bien, je suis alors
comme baigné d'une lumière
qui viendrait du Paradis,
car l'attrait de votre bonté,
si pure et si sincère,
me fait oublier
la blessure dont je souffre
et dont je ne pourrai guérir
sans votre tendre entremise.

Ma dame, je la vois :
des yeux verts et rieurs, des sourcils bruns,
des cheveux plus brillants que l'or
un beau front, un nez droit, bien proportionné,

⁶⁵ Color de rose et de lis,
Bouche vermeille et souez,
Col blanc qui n'est pas hallez,
Gorge qui de blanchor roie.
Plesant, avenant et gaie
⁷⁰ La fist Nostre Sire Deus,
Plus bele et plus sage assez
Qu'en ma chançon ne retraie.

*

XXII. SE J'AI ESTÉ LONC TENS EN ROMANIE

I. Se j'ai esté lonc tens en Romanie
Et outre mer fait mon pelerinage,
Souffert i ai maint doulereus damage,
Et enduré mainte grande maladie;
⁵ Mes or ai pis c'onques n'oi en Surie,
Car bone Amor m'a doné tel malage
Dont nule foiz la dolour n'asouage,
Ainz croist adés et double et monteplie
Si que la face en ai tainte et palie.

¹⁰ II. Car juene dame et cointe et envoisie,
Douce, plesant, bele et cortoise et sage,
M'a mis el cuer une si douce rage
Que j'en oublie le veer et l'oïe
Si comme cil qui dort en letardie,
¹⁵ Dont nus ne puet esveillier le corage;
Car quant je pens a son tres douz visage,
De mon penser aim meuz la conpaignie
C'onques Tristan ne fist d'Iseut s'amie.

un teint de rose et de lis,
une bouche vermeille et suave,
un cou blanc, épargné par le hâle,
une gorge éclatante de blancheur.
Charmante, aimable, toute de gaieté,
telle la fit Dieu Notre Seigneur,
et sa beauté, sa sagesse surpassent encore
ce que peut en dire mon chant.

*
* *

J'ai longtemps habité en terre de Romanie
et je fus pèlerin aux pays d'outre-mer.
De bien cruelles épreuves m'attendaient en ces lieux
et j'y ai supporté maintes graves maladies;
mais maintenant mon sort est pire qu'il ne fut en
l'amour m'a infligé un mal terrible;   [Syrie,
jamais il ne m'accorde la moindre trêve
mais au contraire, il croît en moi, se développe,
tant que j'en ai le visage ravagé et pâli.

Une jeune beauté, pleine de mille attraits,
de douceur, de grâce et de sagesse,
m'a mis au cœur une passion si ardente
que je ne peux plus rien voir ni rien entendre,
tel celui qui tombe en léthargie,
et que personne ne parvient à tirer de sa torpeur.
Et quand je me mets à penser à son visage si doux,
je suis plus heureux en compagnie de mes rêves
que Tristan auprès d'Yseut son amie.

III. Bien m'a Amors feru en droite vaine
21 Par un regart plain de douce esperance,
Dont navré m'a la plus bele de France
Et de biauté la rose souveraine.
Si me merveil quant la plaie ne saine,
Car navré m'a de si douce senblance
25 Q'unc ne senti si trenchant fer de lance;
Mes senblant est au chant de la seraine,
Dont la douçour atret dolor et paine.

IV. Si puisse je sentir sa douce alaine
Et reveoir sa bele contenance
30 Com je desir s'amor et s'acointance
Plus que Paris ne fist onques Elaine!
Et s'Amors n'est envers moi trop vilaine,
Ja sanz merci n'en feré penitance,
Car sa biautez et sa tres grant vaillance
35 Et li biaus vis, ou la vi premeraine,
M'ont cent sospirs le jor doné d'estraine.

V. Car sa face, qui tant est douce et bele,
Ne m'a lessié qu'une seule pensee,
Et cele m'est au cuer si enbrasee
40 Que je la sent plus chaude et plus isnele
C'onques ne fis ne brese n'estancele;
Si ne puis pas avoir longue duree
Se de pitié n'est ma dame navree,
Qu'en ma chançon li diré la nouvele
45 De la dolor qui por li me flaele.

124

Amour m'a percé en plein cœur
par une regard porteur d'espérance
dont m'a blessé la plus belle de France
et de beauté la rose souveraine;
et je m'étonne de ne pas voir saigner ma plaie
car la blessure reçue de cet être de douceur fut telle
que jamais je ne sentis fer de lance plus tranchant.
Elle est semblable au chant des sirènes
qui ne vous charme que pour vous faire souffrir.

Ah! pouvoir sentir sa douce haleine
et revoir la beauté de son corps!
Je brûle du désir de l'approcher, de l'aimer
plus que jamais Pâris ne brûla pour Hélène.
Et si Amour n'est pas à mon égard trop dur,
il m'accordera sa pitié contre ma pénitence,
car cette femme si belle, à l'âme si haute,
et ce visage, dès la première rencontre,
en guise d'étrennes m'ont fait pousser bien des soupirs.

Ce beau visage si pur,
je ne pense plus qu'à lui
et de ce désir, mon cœur brûle
en moi, plus ardent, plus rapide
que n'est la braise ou l'étincelle;
et je ne puis longtemps survivre
si ma dame n'est vaincue par la pitié.
Que mon chant lui dise
de quelle douleur je subis la torture.

COLIN MUSET

Colin Muset dont nous savons, par ses chansons, par leurs destinataires, qu'il a dû vivre entre Lorraine et Champagne et qu'il a vraisemblablement commencé à écrire vers 1230, est sans doute le plus original des trouvères. Nul autre avant lui n'a célébré de manière aussi convaincante et enlevée, mais sans tomber dans les excès de la chanson bachique, les plaisirs immédiats que procurent un bon vin, une nourriture abondante, dégustés dans un beau verger ou près d'un feu rougeoyant en la compagnie d'une demoiselle peu farouche ou se représenter avec humour en ménestrel déçu, plus ou moins bien reçu par sa famille selon l'épaisseur de sa malle.

A ce registre de la « bonne vie » qui, sans doute par une erreur d'appréciation, nous semble évoquer une expérience personnelle, on peut cependant préférer les quelques pièces où l'amour, de jeu facile, devient rêve, où la jeune fille entrevue dans le verger devient insensiblement la « fille au roi de Tulède » ou bien encore la fée venue d'ailleurs, figure d'un amour idéal et inaccessible.

A l'image de son inspiration, tour à tour raffinée et matérialiste, très souvent ironique et distanciée, le style de Colin Muset unit une grande facilité dans le choix du vocabulaire, des rimes, des combinaisons strophiques à l'extrême fluidité d'un rythme qui souvent préfère l'impair et joue avec bonheur de sa grâce indécise.

Le texte de la chanson, celui du descort et celui de la reverdie, sont établis d'après l'éd. J. Bédier et les ms. *U* et *K*.

XXIII. SOSPRIS SUI D'UNE AMORETTE

    I. Sospris sui d'une amorette
D'une jone pucelette :
Bele est et blonde et blanchette
Plus que n'est une erminette,
S'a la color vermeillette
6 Ensi comune rosette.

    II. Itels estoit la pucele,
La fille au roi de Tudele;
D'un drap d'or qui reflambele
Ot robe fresche et novele :
Mantel, sorcot et gonele
12 Mout sist bien a la donzele.

    III. En son chief sor ot chapel d'or
Ki reluist et estancele;
Saphirs, rubiz i ot encor
Et mainte esmeraude bele.
Biaus Deus, et c'or fusse je or
18 Amis a tel damoisele!

    IV. Sa ceinture fu de soie,
D'or et de pieres ovree;
Toz li cors li reflamboie,
Ensi fu enluminee.
Or me doist Deus de li joie,
24 K'aillors nen ai ma penseie!

    V. G'esgardai son cors gai,
Qui tant me plaist et agree.
Je morrai, bien lo sai,
Tant l'ai de cuer enameie!
Se Deu plaist, non ferai,
30 Ainçois m'iert s'amors donee!

Je suis très tendrement épris
d'une toute jeune fille.
Elle est belle et blonde,
sa peau est plus blanche que l'hermine,
son teint a la couleur
d'un bouton de rose.

Telle était la fille
du roi de Tulède.
Les fils d'or de sa robe neuve
étincelaient sous le soleil.
Manteau, surcot et capuche
la paraient à merveille.

Sur sa chevelure blonde brille une couronne d'or
que rehaussent
saphirs et rubis
et l'éclat des émeraudes.
Dieu! serai-je un jour ami
d'une aussi belle jeune fille!

Sa ceinture de soie
était incrustée d'or et de pierreries.
L'éclat de leurs feux
la rendait lumineuse.
Que Dieu m'accorde de goûter la joie auprès d'elle
car je ne pense à nulle autre!

Je contemplai son corps plein d'attrait
qui sait si bien me plaire.
J'en mourrai, je le sais,
pour l'avoir tant aimée.
Mais non! Si Dieu le veut,
j'obtiendrai plutôt son amour!

VI. En un trop bel vergier
La vi cele matinee
Juer et solacier;
Ja par moi n'iert obliee,
Car bien sai, senz cuidier,
36 Ja si bele n'iert trovee.

VII. Lez un rosier s'est assise
La tres bele et la sennee;
Elle resplant a devise
Com estoile a l'anjornee;
S'amors m'esprent et atise,
42 Qui enz el cuer m'est entree.

VIII. El regarder m'obliai,
Tant qu'ele s'en fu alee.
Deus! tant mar la resgardai
Quant si tost m'est eschapee,
Que ja mais joie n'avrai
48 Se par li ne m'est donee!

IX. Tantost com l'oi regardee,
Bien cuidai qu'ele fust fee.
Ne lairoie por riens nee
Q'encor n'aille en sa contree
Tant que j'aie demandee
54 S'amor, ou mes fins cuers bee.

X. Et s'ele devient m'amie,
Ma granz joie iert acomplie
Ne je n'en prendroie mie
Lo roialme de Surie,
Car trop meine bone vie
60 Qui aime en tel seignorie.

XI. Deu pri qu'il me face aïe,
que d'autre nen ai envie.

Je l'ai vue ce matin
dans la splendeur d'un verger
où elle s'amusait avec grâce.
Jamais je ne l'oublierai,
car je le sais sans hésiter,
plus belle je ne trouverai.

Près d'un rosier elle s'est assise,
la très belle, la très sage.
Elle brille de tout son éclat,
comme l'étoile du matin.
L'amour qui m'est entré au cœur
me brûle de désir.

Perdu dans mes pensées, je l'ai contemplée.
Puis elle s'en est allée.
Dieu! c'est pour mon malheur que je l'ai regardée!
Elle s'est si vite échappée
que jamais je n'aurai de joie
qu'elle ne m'ait apportée.

Au premier regard que j'ai jeté sur elle,
j'ai cru voir une fée.
Pour rien au monde je ne renoncerai
à aller en son pays.
Je lui demanderai son amour
que de tout mon cœur je désire.

Si elle devient mon amie,
ma joie sera pleine et entière
et je ne l'échangerais pas
contre le royaume de Syrie.
Quelle vie merveilleuse il a,
celui qui aime en si haut lieu!

Je prie Dieu de me secourir
car je ne désire qu'elle.

JACQUES D'OSTUN OU D'AUTUN

Nous n'avons aucun renseignement sur Jacques d'Ostun, trouvère que l'on situe généralement au XIIIᵉ siècle et à qui les manuscrits n'attribuent que cette seule chanson. Nous la publions en raison de son thème tout à fait exceptionnel : la célébration de la maternité et de l'enfant, qui renouvelle le motif de la séparation d'avec la femme aimée et lui donne, en dépit de la médiocrité des vers, un ton de touchante sincérité.

Le texte est celui du ms *H*, publié avec un commentaire et une traduction par A. Langfors (*Mélanges de poésie lyrique française, V*, dans *Romania*, 1932, pp. 339-345).

XXIV. DOUCE DAME, SIMPLE ET PLAISANT

    I. Douce dame, simple et plaisant,
De vos me covient dessevrer,
Mais g'en ai plus mon cuer dolant
Que nus hom ne porroit penser;
5 Si nel di pas por vos guiler,
Car il est bien aparissant
Tout i ai mis, cors et argent,
Painne de venir et d'aler,
9 Pour desevrement destorner.

    II. Mout fui herbergiez hautement
La nuit que jui lez vo costel.
Ainc sainz Juliens, qui puet tant,
Ne fist a nul home mortel
14 Si biau, si bon, si riche hostel.
Hé las! chaitis, hé las! coment
Vivrai mais toz jorz languissant,
S'ancore ne l'ai autretel,
18 Car nuit ne jor ne pens a el?

    III. Mout fist Amors a mon talant
Qant de moi fist vostre mari.
Mais joie m'eüst fait plus grant
S'ele m'eüst fait vostre ami.
23 Or n'i atant fors que merci :
A vos et a Amors me rent,
Et se pitiez ne vos en prent,
Par tans em plorront mi ami,
27 Car longues ne puis vivre ensi.

    IV. Mal vos diront vostre parant
Et felon mesdisant de moi,
Mais sage estes et connoissant,

Ma dame si douce, pleine de fraîcheur et de grâce,
il faut que je me sépare de vous,
et personne ne peut imaginer
à quel point j'en ai le cœur douloureux.
Je ne cherche pas à vous tromper :
on peut bien constater
que je me suis donné tout entier, corps et biens,
que je me suis épuisé en allées et venues
pour éviter cette séparation.

Je fus logé en bien haut lieu
la nuit que j'ai passée auprès de vous!
Saint Julien, qui peut être si généreux,
n'a jamais offert à quiconque
hospitalité si délicate, si bonne, si recherchée!
Ha! malheureux que je suis,
comment vivrais-je désormais une éternelle langueur
sans jamais plus connaître de pareils instants,
moi que cette pensée occupe la nuit comme le jour?

Amour a exaucé mon désir
quand il fit de moi votre mari.
Il m'eût accordé une joie plus grande encore
en faisant de moi votre ami.
Je n'espère plus qu'un geste de compassion;
à vous et à l'amour je me rends,
et si vous ne vous montrez pas pitoyable,
mes amis, bientôt, auront une raison de pleurer :
je ne puis vivre ainsi longuement.

Votre famille vous dira du mal de moi
ainsi que les langues médisantes et perverses;
mais connaissant votre jugement et votre sagesse,

Si nes en croirez pas, ce croi;
32 Et je vos aim em bone foi,
Car je suis vostres ligement
Et le serai tout mon vivant,
Certes, que bien faire le doi,
36 Car il i a assez de quoi.

V. Dame, je n'ai confortement
Q'en vostre debonaireté
Et en un sol petit enfant
Q'en voz biaus costez engendré.
41 Graces en rent a Damedé,
Qant il de vos m'a laissié tant;
Norrir le ferai docement
Et mout bien l'edefieré,
45 Por ce que vos l'avez porté.

VI. Ma doce dame, a Deu comant
Vostre sens et vostre bonté
Et vostre gent cors avenant
Et vos iex plains de simpleté,
50 La compaingnie ou j'ai esté
A qui nule autre ne se prent.
Douce dame proz et vaillant,
De cuer dolant et abosmé,
54 Vos comant a la mere Dé.

***

je ne pense pas que vous leur accordiez quelque
Et moi, je vous aime en toute loyauté :   [crédit.
je suis entièrement soumis à vous
et je le resterai ma vie durant.
Oui, je dois bien agir ainsi,
cela en vaut la peine.

    Dame, je n'ai d'autre réconfort
que votre bienveillance
et que ce seul petit enfant
que j'ai engendré dans vos beaux flancs.
Je rends grâce à Notre Seigneur
de m'avoir laissé de vous ce souvenir.
Cet enfant, je l'élèverai avec grand soin
et je lui donnerai une bonne éducation,
parce que c'est vous qui l'avez porté.

    Dame, je vous recommande à Dieu,
vous, pleine de sagesse et de bonté,
au corps si attrayant,
aux yeux pleins de candeur,
vous qui m'avez été
une incomparable compagne.
Ma douce dame, toute de valeur et de vertu,
d'un cœur triste et éprouvé,
je vous recommande à la Mère de Dieu.

*_**

I. Li chastelains de Couci ama tant
Qu'ainz por amor nus n'en ot dolor graindre;
Por ce ferai ma conplainte en son chant,
4   Que ne cuit pas que la moie soit maindre.
La mort mi fet regreter et conplaindre
Vostre cler vis, bele, et vostre cors gent;
Morte vos ont frere et mere et parent
8   Par un tres fol desevrement mauvés.

II. Por qui ferai mes ne chançon ne chant,
Quant je ne bé a nule amor ataindre
Ne jamés jor ne quier en mon vivant
12 M'ire et mon duel ne ma dolor refraindre?
Car venist or la mort por moi destraindre,
Si que morir m'esteüst maintenant!
C'onques mes hom n'ot un mal si tres grant
16 Ne de dolor au cuer si pesant fais.

III. Mult ai veü et mult ai esprouvé,
Mainte merveille eüe et enduree,
Mes ceste m'a le cors si aterré
20 Que je ne puis avoir longue duree.
Or maudirai ma male destinee,
Quant j'ai perdu le gent cors acesmé
Ou tant avoit de sens et de bonté,
24 Qui valoit melz que li roiaumes d'Ais.

IV. Je departi de li outre mon gré :
C'estoit la riens dont je plus me doloie.
Ore a la mort le depart confermé

138

Le châtelain de Coucy aima si profondément
que jamais personne n'éprouva, à cause de l'amour, de
[plus cruels tourments;
aussi dirai-je ma plainte en reprenant son chant :
je ne pense pas qu'elle soit moins vive.
Ma plainte, mes regrets, la mort me les inspire,
elle qui m'a ravi, belle, votre clair visage, votre corps
[plein de beauté.
Frères, mère, parents vous ont tué,
en vous contraignant à cette horrible séparation.

Pour qui désormais composer et chanter
quand je n'aspire à aucun autre amour,
quand je me refuse, jusqu'à la fin de mes jours,
à oublier ma colère, ma tristesse et ma douleur?
Que la mort s'abatte sur moi!
Qu'elle me contraigne à perdre tout aussitôt la vie!
Personne, jamais, ne connut d'aussi cruels tourments
et n'eut un cœur si lourd de douleur.

J'ai beaucoup vu, beaucoup souffert,
j'ai connu et subi maints coups du sort,
mais celui-ci m'a tellement accablé
que je ne peux plus longtemps résister.
Maudite soit ma destinée
qui m'a fait perdre cette femme si belle, si gracieuse,
celle que sa sagesse et ses mérites
me rendaient plus précieuse que le royaume d'Aix.

Bien malgré moi je l'ai quittée :
à elle allaient tous mes regrets.
Et voici que la mort a rendu définitive

28 A touz jorz mes; c'est ce qui me tout joie.
Nule dolor ne se prent a la moie
Car je sai bien, jamés ne la verré.
Hé! las, chetis, ou iré, que feré?
32 S'or ne me muir, je vivrai touz jorz mais.

   V. Par Dieu, Amors, je ne vos pris noient
Car morte est cele pour qui je vous prisoie.
Je ne pris rien, ne biauté ne jouvent,
36 Or ne argent ne chose que je voie.
Pour quoi? Pour ce que la mort tout mestroie.
Je quit amors et a Dieu les commant.
Jamés ne cuit vivre fors en torment.
40 Joie et deduit tout outreement lais.

∗
∗ ∗

XXVI. QUANT FLORIST LA PREE
(anonyme)

   I. Quant florist la pree,
que li douz tens doit venir,
qu'oisiax par ramee
4 font escouter leur douz criz,
adonc chant, sorpris
de fine amor ou j'ai mis ma penssee,
dont ja ne me qier desevrer.
8 *Li tres douz chant des oisellons mi fet a bone amor*
                                          [penser.

   II. Ja de ma pensee
ne me qier departir;

notre séparation, me ravissant la joie.
Nulle douleur n'égale la mienne :
jamais, je le sais, je ne la reverrai.
Et moi, pauvre de moi, où irai-je, que ferai-je?
Si je ne meurs maintenant, ma vie n'a plus de sens.

Par Dieu, Amour, pour vous je n'ai plus que dédain :
elle est morte celle pour qui je vous tenais en haute
[estime.
Ni beauté ni jeunesse ne me sont plus rien,
ni or ni argent ni tout ce qui m'entoure.
Pourquoi? Parce que la mort triomphe de tout.
Je renonce aux amours, je les remets en Dieu.
Désormais, je le pense, je ne connaîtrai que tourment.
La joie et les plaisirs me sont maintenant étrangers.

*
* *

Maintenant que fleurissent les prés,
que revient la douceur du printemps,
que les oiseaux doucement
murmurent sous la ramée,
alors je chante, pénétré
d'un amour sincère pour celle à qui va ma pensée
et dont je ne veux me détacher.
Le très doux chant des oiselets me fait penser à
[l'amour vrai.

A cette pensée,
jamais je ne veux renoncer.

tant ai desirree
12 joie que n'i doi faillir;
en chantant souspir
et vueil proier a ma dame honoree;
ensi dire li doi :
16 «*A ma dame servir ai mis mon cuer et moi.* »

    III. Simple et acesmee,
gente de cors et de vis,
de grant sens mueblee
20 est cele pour qui je languis.
Mes mult ai mespris
Qu'ainz ne li osai gehir ma pensee.
En chantant li di :
24 « *Grant joie a mes cuers quant je pens a li.* »

    IV. Finement amee,
Simple de cors et de vis,
Bele a droit nommee,
28 En vous ai tout mon cuer mis.
Conme fins amis
Vous servirai, douce dame honoree :
Ja n'avrai autre entençïon.
32 *A qui les donrrai je donc, mes amorettes, s'a vous*
                                        [*non?*

    V. En faisant un ris,
oï chanter, qui j'ai m'amor donee,
ceste chançonete :
36 *Nul ne doit lez le bois aler sanz sa conpaigne-*
                                        [*te.*

* * *

La joie d'amour, je l'ai tant désirée,
il n'est pas juste qu'elle m'échappe.
En chantant je soupire
et je veux prier ma dame vénérée
avec les mots que voici :
« au service de ma dame je me suis mis tout entier, de
                                        [tout mon cœur. »

   Fraîche et élégante,
noble de corps et de visage,
pleine de sagesse,
telle est celle qui me fait languir.
Mais c'est mon erreur
de ne pas avoir encore osé lui avouer ma pensée.
Par mon chant je lui dis :
« Comme mon cœur est joyeux quand je pense à
                                        [elle! »

   Vous que j'aime sincèrement,
vous si fraîche de corps et de visage,
vous qui méritez le nom de Belle,
en vous j'ai mis tout mon cœur.
Amant sincère je vous servirai, douce dame vénérée,
sans jamais penser à une autre.
A qui donc le donnerai-je mon amour, si ce n'est à
                                        [vous?

   Toute rieuse
je l'ai entendue, celle à qui j'ai mon amour donné,
qui chantait cette petite chanson :
A l'orée du bois nul ne doit aller sans sa douce amie y
                                        [mener.

                    *
                   * *

XXVII POUR MOI RENVOISIER
FERAI CHANÇON NOUVELE
(anonyme)

I. Pour moi renvoisier ferai chançon nouvele,
Si suis renjoïs por l'amor de la bele,
Ne me puis tenir, tel joie m'estancelle,
4 Plus me plest au cuer que note de vïele.
    Qui la voit dancier,
    Il n'est cordelier,
   Tant çaigne la cordele,
Qui ne la vousist a son gré tenir seule.
9 *Ore a la bon'eure, ce sont amoretes qui me corent*
                                         [seure.

II. Ele a cors deugié et duretes mameles,
S'a le chief blondet com li ors en boucele,
Sorciz enarchiez, verz euz qui restencelent,
13 Bouche pour besier, onc Dex ne fist tant bele.
    Dex et saint Michiel
    L'envoia du ciel
   Fox est qui ne l'apele.
Dex! tant sui dolent que souvent ne la voi!
18 *Se j'aim plus haut que ne doi, Amors en blasmez,*
                                    [non pas moi!

III. De sa grant biauté ne vous paroil je mie
Ne de sa valor ne de sa cortoisie.
Or li demandez, moi n'en creez vous mie,
22 Que savez bien : Amors ne choisist mie.
    Je li ai doné
    Mon cuer sanz fausser
   Com ma tres douce amie.
Dex! bon sera nez qui besera sa bouchete!
27 *Saderala duriax duron, saderala duriax durete.*

Pour me mettre en joie, je vais faire une chanson
[nouvelle
tant me ravit l'amour de la belle;
je suis hors de moi-même tant la joie m'enivre;
pour elle je donnerais tous les airs de vielle.
    Quand elle danse,
    il n'est moine cordelier
  ceint de sa ceinture
qui ne voudrait l'avoir dans ses bras pour lui tout seul.
Bonne journée, l'amour est de mon côté!

    Corps délicat, petits seins durs,
cheveux blonds comme vagues d'or,
sourcils arqués, yeux verts et brillants,
lèvres offertes aux baisers, Dieu jamais ne fit mieux.
    Par saint Michel,
    Il l'envoya du ciel :
    Bien fou qui ne l'interpelle!
Dieu! comme je suis triste de si peu la voir!
Si j'aime trop haut, blâmez Amour, pas moi!

    Et je ne vous parle ni de sa beauté
ni de ses vertus ni de sa courtoisie!
Allez voir, si vous ne m'en croyez!
Vous le savez bien, l'amour est aveugle.
    Je lui ai donné mon cœur,
    en toute loyauté,
    pour en faire mon amie douce.
Dieu! heureux celui qui baisera sa bouche!
Saderala duriaus duron, saderala duriaus durete!

JEUX PARTIS ET DÉBATS

A côté de la chanson d'amour qui suppose de la part du trouvère comme de son public une adhésion implicite au code ritualisé de la *fin'amor,* les jeux partis, les *partimens* de la lyrique d'oc, introduisent une sorte de problématique de l'amour.

Le jeu parti est composé de six strophes suivies de deux envois. Dans la première strophe, le premier trouvère propose une question sous forme de dilemme. Celui qui pose la question impose également une structure formelle que doit reprendre le second trouvère tout en défendant, à son choix, l'un ou l'autre des points de vue. Dans les deux envois, chaque partenaire nomme un juge. Aucun jeu parti ne formule en revanche le jugement attendu... Très homogènes, les sujets des jeux partis sont des questions, peu nombreuses, de casuistique amoureuse.

Proche du jeu parti par son caractère dialectique mais renonçant toutefois à la question initiale, la *tenson* ou débat, est également fondée sur le dialogue, sur les voix alternées de l'amour. De tonalité très diverse, l'échange peut être pris en charge par le trouvère lui-même. Ainsi de la pièce agressive de Conon de Béthune. Mais il peut aussi s'abriter derrière la fiction de la conversation surprise par le poète dans le verger d'amour.

146

Jeux partis et débats ont connu au Moyen Age un vif succès. Les jeux partis surtout, qui forment un imposant recueil de cent quatre-vingt-deux pièces. Ces textes semblent en effet s'inscrire dans un vaste mouvement de réflexion sur l'amour, dans cet effort pour imposer au sentiment amoureux comme à son expression des règles complexes et précises dont, dès la fin du XIIᵉ siècle, le *Traité de l'Amour courtois* d'André le Chapelain propose la formulation théorique.

Le texte du jeu parti entre Thibaut de Champagne et Guillaume le Vinier est celui de l'éd. Ph. Ménard. Le débat de Conon reproduit le texte de l'éd. Wallensköld. Le texte des deux tensons est celui du recueil de Spanke (nᵒ LXIV et XIX).

GUILLAUME LE VINIER

La production poétique de Guillaume le Vinier se situe dans la deuxième moitié du XIIIᵉ siècle. Ce clerc, qui fut sans doute un temps moine à l'abbaye de Saint-Vaast, participa à l'activité littéraire qui se développa, tout au cours du XIIIᵉ siècle, dans la florissante ville d'Arras. Guillaume a composé des chansons d'amour, une reverdie, une chanson de mal mariée, des chansons à la Vierge (dont notre pièce nᵒ XL) des lais et des jeux partis avec pour partenaires d'autres poètes arrageois et, pour celui-ci, Thibaut de Champagne.

XXVIII. SIRE, NE ME CELEZ MÍE
Guillaume le Vinier
et Thibaut de Champagne

I. Sire, ne me celez mie
Li quelx vos iert plus a gré,
S'il avient que vostre amie
Vos ait parlement mandé
Nu a nu lez son costé
6 Par nuit que n'an verroiz mie,
Ou de jor vos bait et rie
En .I. beau pré
Et enbraz, mais ne di mie
10 Qu'il i ait de plus parlé.

II. Guillaume, c'est grant folie
Quant ensi avez chanté :
13 Li bergiers d'une abbaïe
Eüst assez mieux parlé!
Quant j'avrai lez mon costé
16 Mon cuer, ma dame, m'amie
Que j'avrai toute ma vie
Desirré,
Lors vos quit la druerie
20 Et le parlement dou pré.

III. Sire, je di qu'en s'enfance
Doit on aprendre d'amors,
23 Mais mout faites mal semblance
Que vos sentez les dolors.
Pou prisiez esté ne flors,
26 Gent cors ne douce acointance,
Beax resgarz ne contenance,
Ne colors.

148

Seigneur, dites-moi franchement
ce qui vous plairait davantage :
que votre amie
vous ait invité
à passer la nuit
allongé à ses côtés, nu à nu,
mais sans que vous la regardiez,
ou que, de jour, elle vous embrasse et vous sourie
dans un beau pré,
sans toutefois vous accorder
de plus grandes faveurs?

Guillaume, c'est une bien grande folie
que propose votre chanson :
le berger d'une abbaye
n'aurait pas mieux parlé!
Quand j'aurai, étendue à mes côtés,
mon cœur, ma dame, mon amie,
celle que j'ai toute ma vie
désirée,
je vous abandonnerai volontiers le badinage
et les menus propos du pré.

Seigneur, c'est dès l'enfance
qu'il faut apprendre ce qu'est l'amour,
et vous faites bien piètre figure
vous qui n'en sentez pas les tourments.
Peu vous importe l'été et les fleurs,
la beauté d'un corps, la douceur des manières,
l'éclat d'un regard, l'allure
ou le teint.

En vos n'a point d'astenance :
30 Ce deüst prendre I. priors!

    IV. Guillaume, qui ce commence
Bien le demoinne folors;
33 Et mout a pou conoissance
Qui n'en va au lit le cors,
Que desoz beax covertors
36 Prent on tele seürtance
Dont l'on s'oste de doutance
Et de freors.
Tant comme soie en balance,
40 N'iert ja mes cuers sanz paors.

    V. Sire, por rien ne voudroie
Que nuns m'eüst a ce mis.
43 Quant celi cui j'ameroie
Et qui tout m'avroit conquis
Puis veoir en mi le vis
46 Et baisier a si grant joie
Et embracier toute voie
A mon devis,
Sachiez, se l'autre prenoie,
50 Ne seroie pas amis.

    VI. Guillaume, se Dex me voie,
Folie avez entrepris,
53 Que, se nue la tenoie,
N'en prendroie paradis.
Ja, por esgarder son vis,
56 A paiez ne m'en tendroie,
S'autre chose n'en avoie.
J'ai mieuz pris,
Qu'au partir, se vos convoie,
60 N'en porteroiz c'un faus ris.

150

L'abstinence n'est pas votre vertu majeure!
Un prieur aurait dû prendre votre parti!

Guillaume, qui commence ainsi,
c'est la folie qui le guide,
et il sait bien peu de choses celui
qui ne va pas directement au lit :
sous une belle couverture,
on sait ce que l'on prend;
cela dissipe vos doutes
et vos peurs!
Tant que j'ignore où j'en suis,
je redoute toujours un échec.

Seigneur, je ne voudrais pour rien au monde
qu'on m'eût mené jusque là.
Si je pouvais contempler
le visage de celle que j'aimerais,
à qui j'appartiendrais,
l'embrasser pour ma plus grande joie
et la serrer dans mes bras
à ma guise,
sachez-le, si je ne choisissais pas ce parti,
je ne serais pas un vrai amant.

Guillaume, par Dieu,
vous avez choisi un parti bien peu sage :
si je la tenais nue entre mes bras,
je ne donnerais pas le Paradis en échange,
et contempler son visage
ne me suffirait pas
si je n'obtenais rien d'autre.
J'ai pris le meilleur parti :
quand vous vous séparerez, si elle vous suit du regard,
vous n'emporterez qu'un sourire menteur.

VII. Sire, Amors m'a si sopris
Que siens sui ou que je soie;
63 Et sor Gilon m'en metroie,
A son devis,
Li quelx va plus droite voie
66 Ne li quelx maintient le pis.

VIII. Guillaume, fox et pensis
I remaindroiz tote voie.
69 Et cil qui ensi donoie
Est mout chaitis.
Bien vuil que Gilon en croie
72 Mais sor Jehan m'en sui mis.

*
* *

XXIX. L'AUTRIER AVINT EN CEL AUTRE PAÏS
Conon de Béthune

I. L'autrier avint en cel autre païs
C'uns chevaliers eut une dame amee.
Tant com la dame fu en son bon pris,
4 Li a s'amor escondite et veee.
Puis fu un jors k'ele li dist : « Amis,
Mené vous ai par parole mains dis;
Ore est l'amors coneüe et provee.
8 Des or mais sui tot a vostre devis. »

II. Li chevaliers le regarda el vis,
Si la vit mout pale et descoulouree.
« Dame, fait il, certes mal sui baillis
12 Ke n'eüstes piech'a ceste pensee.

152

Seigneur, Amour est mon maître,
je suis à lui, où que je sois,
et je m'en remettrai à la décision
de Gilles
pour savoir qui a pris le bon chemin
et qui a pris le mauvais.

Guillaume, vous connaîtrez toujours
folie et inquiétude :
qui fait ainsi sa cour
est bien misérable!
Je veux bien en croire Gilles,
mais je m'en remets à Jean.

*
* *

Naguère dans un certain pays,
un chevalier aima une dame.
Tant que la dame fut jeune et belle,
elle le repoussa et se refusa à lui,
mais un beau jour, elle lui dit : « mon ami,
je vous ai imposé délai sur délai,
mais maintenant, je suis sûre de votre amour
et me voici tout à vous. »

Le chevalier regarda la dame,
il vit son visage pâli, ses traits flétris,
et son teint sans éclat.
« Dame, dit-il, je suis désolé,

Vostre cler vis, ki sambloit flors de lis,
Est si alés, dame, de mal em pis
K'il m'est a vis ke me soiés emblee.
16 A tart avés, dame, cest consell pris. »

III. Quant la dame s'oï si ramprosner,
Grant honte en ot, si dist par sa folie :
« Par Dieu, vassal, jel dis por vos gaber.
20 Quidiés vos dont k'a chertes le vos die?
Onques nul jor ne me vint em penser.
Sariés vos dont dame de pris amer?
Nenil, par Dieu! ains vos prendroit envie
24 D'un bel vallet baisier et acoler. »

IV. — « Dame, fait il, j'ai bien oï parler
De vostre pris, mais ce n'est ore mie;
Et de Troie rai jou oï conter
28 K'ele fu ja de mout grant signorie;
Or n'i puet en fors les plaices trover.
Et si vous lo ensi a escuser
Ke cil soient reté de l'iresie
32 Qui des or mais ne vous vauront amer. »

V. — « Par Dieu, vassal, mout avés fol pensé,
Quant vous m'avés reprové mon eaige.
Se j'avoie tot mon jovent usé,
36 Si sui jou riche et de si haut paraige
C'om m'ameroit a petit de beauté.
Encoir n'a pas un mois entir passé
Ke li Marchis m'envoia son messaige,
40 Et li Barrois a por m'amor josté. »

vous auriez pu y penser plus tôt :
votre clair visage, qui semblait fleur de lys,
s'est tellement fané, ma dame,
c'est à croire qu'on vous a changée.
Votre décision est bien tardive! »

Sous le coup de ces injures,
pleine de dépit, la dame répondit sans réfléchir :
« Par Dieu, chevalier, je voulais me moquer de vous.
Vous pensez donc que j'étais sincère?
Jamais pareille chose ne m'est venue à l'esprit!
Vous, aimer une femme de valeur!
Non, par Dieu! Vous auriez plutôt envie
d'embrasser et de tenir dans vos bras quelque beau
[garçon. »

« Ma dame, répondit-il, j'ai bien entendu parler
de vos attraits, mais dans le passé.
De Troie aussi j'ai entendu dire
que ce fut jadis une ville puissante;
mais aujourd'hui, c'est un champ de ruines!
Je vous conseille donc,
et l'excuse est bonne, je vous le concède,
de dire qu'ils recherchent les hommes,
ceux qui désormais refuseront votre amour. »

« Par Dieu, chevalier, vous n'êtes qu'un sot
de me reprocher mon âge.
Même si ma jeunesse s'était enfuie,
je suis si riche, de si haute noblesse,
qu'on m'aimerait, belle ou moins belle.
Il n'y a pas un mois de cela,
le Marquis m'a envoyé un message
et Guillaume des Barres a brisé des lances pour
[moi! »

VI. – « Par Dieu, Dame, ce vos a mout grevé
Ke vos fiés tos jors ens signoraige;
Mais tel set ont ja por vos sospiré,
44 Se vos estiés fille au Roi de Cartaige.
Ki ja mais jor n'en aront volenté.
On n'aime pas dame por parenté,
Mais quant ele est belle et cortoise et saige.
48 Vos en savrés par tans la vérité. »

***

XXX. AVANT HIER EN UN VERT PRÉ
(anonyme)

I. Avant hier en un vert pré,
tout a un serain
deus dames de grant biauté
4 Trouvai main a main
desouz une vert coudrete.
L'une estoit si jolivete,
si chantoit ensi :
8 « J'ai au cuer joli
Amors qui quierent ami,
qui me font chanter :
jolif cuer ne doit penser
12 *qu'a bone amor demander.* »

II. L'autre a juré : « Saint Germain,
Saint Pol, Saint Gervés!
James n'amerai vilain
16 car trop sont mauvés.
Li miens plains de jalousie

« Par Dieu, ma dame, cela vous a beaucoup nui
de vous fier toujours à votre puissance.
Même si vous étiez la fille du roi de Carthage,
plus d'un de vos anciens soupirants
n'éprouveraient plus qu'indifférence.
On n'aime pas une femme pour son lignage
mais si elle est belle, courtoise et sensée.
Cette vérité, vous l'apprendrez bientôt à vos
[dépens! »

***

L'autre jour, sur une verte prairie,
je vis, le soir venu,
deux dames d'une grande beauté
qui se tenaient par la main,
sous les verts noisetiers.
Toute gaie, la première
chantait ainsi :
« mon cœur, mon joli cœur,
tout plein d'amour et de chanson,
voudrait bien un ami.
Joli cœur ne doit penser
qu'à l'amour demander. »

La seconde a juré : « Par saint Germain,
saint Paul et saint Gervais,
jamais je n'aimerai mari,
ils sont trop méchants.
Le mien, ce vieux jaloux,

me garde et guete et espie.
Touz jorz me guet il,
20 et cous sera il!
Se Dex me gart de peril,
gel ferai crever :
fol vilain doit on hüer
24 *et si le doit on gaber.* »

III. Conpaigne, hardiement
amez par amors,
et dites apertement,
28 n'aiez pas pöor :
« Vilain plain de jalousie,
de mauvese conpagnie,
fuiez vous de ci,
32 vilain plain d'ennui!
Bien sait que traïe sui
d'avec vous ester :
Fol vilain doit on hüer
36 *et si le doit on gaber.* »

IV. « Car pleüst au souvrain roi
qui tout doit jugier,
que g'eüsse ci o moi
40 mon bon ami chier!
Si merrions bone vie
d'amors et de druerie
et de tel mestier
44 que je n'os noncier,
a fere la balerie
pour nos deporter :
fol vilain doit on hüer
48 *et si le doit on gaber.* »

***

me garde, me surveille, m'espionne
à longueur de temps, mais il a beau faire,
il sera cocu!
Que Dieu me préserve,
je le ferai crever de rage :
Rions, moquons-nous
du vilain, fou, jaloux. »

Amie, n'hésitez pas,
donnez-vous à l'amour
et dites bien franchement,
sans avoir peur :
« Mari plein de jalousie,
de détestable compagnie,
allez-vous en d'ici,
mari plein d'ennui!
Je me perds, je le sais bien,
en restant avec vous.
Rions, moquons-nous
du vilain, fou, jaloux. »

« Plût au Tout Puissant,
qui nous jugera tous,
que fût ici avec moi
mon ami, mon doux ami!
Notre vie serait faite
d'amour et de serments
et puis d'une autre chose
que je n'ose nommer,
et nous de danser
pour nous amuser.
Rions, moquons-nous
du vilain, fou, jaloux. »

***

XXXI. UN PETIT DEVANT LE JOR
(anonyme)

    I. Un petit devant le jor
me levai l'autrier,
sospris de novele amor
qui me fait veillier.
Pour oublïer ma dolor
et pour alegier,
m'en alai cueillir la flor
dejoste un vergier.
9 La dedenz en un destor
oï un chevalier,
desor lui en haute tor
dame qui mult l'ot chier;
ele ot fresche la color
et chantoit par grant douçor
un douz chant piteus mellé en plor
et dist conme loiax drue :
«Amis, vous m'avés perdue,
18 *li jalos m'a mis en mue. »*

    II. Quant li chevaliers entent
la dame au vis cler,
de la grant dolor qu'il sent
conmence a plorer
et a dit en souspirant :
« Mar vi enserrer,
dame, vostre cors le gent
que tant doi amer.,
27 Or me couvient chierement
les grans biens conperer
que volentiers et souvent
me solïez doner.
Las! Or me vait malement!

    Peu avant l'aube,
je me levai l'autre jour,
surpris par un nouvel amour
qui me tient en éveil.
Pour oublier mon tourment
et m'apaiser,
je m'en allai cueillir la fleur
au plus prochain verger.
Là, j'entendis,
un peu à l'écart, parler un chevalier
et une dame dans sa tour haute,
fort éprise de lui.
Elle était toute fraîche,
et chantait non sans charme
un air doux et triste où elle mêlait ses pleurs
et elle disait, cette loyale amie :
« Ami, vous m'avez perdue,
mon mari m'a enfermée. »

    Quand le chevalier entend
la dame au clair visage,
la douleur qu'il ressent
lui arrache des larmes
et il dit en soupirant :
« Cela me fait mal,
dame, de vous voir enfermée,
vous que je n'aimerai jamais assez.
Maintenant il me faut payer cher
toutes les faveurs
que vous aimiez m'accorder!
Hélas, quel malheur!
Ce tourment est trop cruel

Trop a ci aspre torment,
et se ce nous dure longuement,
sire Dex, que devendrons nous?
Ja ne puis je durer sanz vos,
36 *et sanz moi, conment durez vos? »*

   III. Dist la dame : « Biax amis,
Amors me soustient.
Assez est plus mors que vis
qui dolor maintient.
Lez moi gist mes anemis,
fere le couvient,
ne je n'ai joie ne ris
se de vous ne me vient;
45 mon cuer ai si en vous mis,
tout adés m'en souvient;
se le cors vous est eschis,
li cuers a vous se tient,
si faitement l'ai empris;
et de çou soiiés tous fis
que sanz repentir serai touz dis
vostre loial amie :
pour ce, se je ne vous voi,
54 *ne vous oubli je mie ».*

   IV. « Dame, gel sai tout de voir,
bien l'ai esprouvé,
que vous ne porriez avoir
cuer de fausseté.
Mes ce me fait mult doloir
que j'ai tant esté
sire de si grant voloir :
or ai tout passé.
63 Dex m'a mis en nonchaloir
et du tout oblïé.
Je ne peüsse cheoir

162

et s'il doit se prolonger,
Dieu, qu'allons nous devenir?
Je ne puis vivre sans vous,
comment vivrez-vous sans moi? »

La dame lui répond : « Mon bel ami,
c'est l'amour qui me soutient,
mais il est plus mort que vif
celui qui souffre.
Je partage mon lit avec un homme que je déteste
il le faut bien.
La joie et les rires, je ne les connais plus :
ils me venaient de vous.
Je vous ai donné mon cœur
qui n'a rien oublié.
Si le corps vous est interdit,
le cœur reste auprès de vous.
Ainsi en va-t-il
et soyez bien certain
que je serai toujours, sans jamais m'en dédire,
votre amie loyale.
Si je ne vous vois pas,
je pense toujours à vous. »

« Dame, je le sais bien,
car vous m'avez prouvé
que vous êtes incapable
de la moindre déloyauté
mais ma souffrance est immense
d'avoir tout perdu
après avoir si longtemps possédé
un tel trésor.
Dieu m'abandonne
et m'oublie complètement.
Je n'aurais pu connaître

en greigneur povreté,
mais je sui en bon espoir,
qui bien m'i porra valoir,
et Diex le me doint encore avoir!
S'est droit que gel die :
se Deu plest, li jalos morra,
72 *si ravrai m'amie. »*

V. « Amis, se vous desirés
la mort au jalous,
si fais jou – si m'aït Dés! –
cent tans plus de vous,
k'il est vieus et rassotés
et glous comme lous,
lais et maigres et pelés
et si a le tous.
81 Males teches a asés,
li desloiaus, li rous.
Toute sa graindre bontés
est de çou qu'il est cous.
Amis, mar fu mes cors nés,
quant pour vous est enserés
et autres en a ses volentés.
Droiz est que me plaigne :
coment garira dame senz ami
90 *cui Amors mehaigne?*

VI. Douz amis, vos en irez,
car je voi le jor;
des ore mais n'i poez
fere lonc sejor.
Vostre fin cuer me lerez
et n'aiés poor,
que vous avez et avrez
la plus fine amor.
99 Des que vos ne me poez

pire détresse
mais j'espère encore,
voilà ce qui pourra me sauver.
Puisse Dieu me rendre ce trésor!
En toute justice je dois dire :
S'il plaît à Dieu, le jaloux mourra
et mon amie me reviendra. »

« Ami, si vous désirez
la mort du jaloux,
eh bien, moi aussi – Dieu m'entende! –,
et cent fois plus que vous,
car c'est un vieux, il radote,
il bâfre comme un loup.
Il est laid, maigre, chauve
et crachotant,
ce rouquin plein de lâcheté,
et plein de défauts.
Tout ce qu'il a de bien,
c'est d'être cocu!
Ami, maudit soit le jour de ma naissance!
A cause de vous, je suis enfermée
et un autre fait de moi son plaisir.
Il est juste que je me plaigne :
comment dame tourmentée par l'amour
peut-elle survivre loin de son amant?

Doux ami, il vous faut partir,
je vois poindre le jour,
vous ne pouvez
rester plus longtemps.
Vous allez me laisser votre cœur plein d'amour
et ne craignez pas :
vous vivez et vivrez
un amour parfait.
Puisque vous ne pouvez

geter de ceste tor,
plus souvent la regardez
de vos ieus par douçor. »
Lors s'en part cil toz irés
et dist : « Las, tant mar fui nés
quant mes cuers est ci sans moi remés!
Dolans m'en part;
a Deu conmant je mes amors,
108 *qui les me gart!* »

m'arracher à cette tour,
regardez-la souvent
de vos yeux, avec tendresse. »
Il s'en alla alors
disant dans sa douleur :
« malheureux que je suis,
je laisse ici mon cœur,
je pars et je souffre.
A Dieu je recommande mon amour,
qu'Il le prenne en sa bonne garde! »

LAIS ET DESCORTS

Aucune différence notable ne peut être établie entre le lai et le descort français jusqu'au XIVᵉ siècle et il est permis de supposer que ces deux termes désignent une même forme d'écriture. Selon P. Bec en effet, on aurait affaire, à l'origine, d'une part à un terme d'une très grande élasticité sémantique et typologiquement peu précis, celui de *lai,* et, d'autre part, à un terme quasi-technique, celui de *descort,* d'origine occitane.

La thématique du lai comme celle du descort est généralement celle du grant chant mais il existe aussi un certain nombre de lais d'inspiration religieuse.

Lais et descorts sont aisément reconnaissables à la façon dont y sont à la fois utilisées l'hétérométrie et l'hétérostrophie et alliés vers longs et vers courts ou des suites de vers de trois à quatre syllabes. Cette disparité dans les strophes et la longueur des vers est liée, dans le cas du descort, à une disparité thématique de strophe à strophe.

Au XIVᵉ siècle, le descort s'efface devant le lai. Séduit par l'extrême virtuosité de cette forme, Guillaume de Machaut excella dans la brillante écriture du lai dont il voulut fixer la typologie : douze strophes hétérométriques et hétérostrophiques, les rimes et la mélodie de la douzième reprenant celles de la première.

XXXII. LA DOUCE PENSEE
Gautier de Dargies

I. La douce pensee
Qui me vient d'amour
M'est u cuer entree
A touz jours sanz retour;
Tant l'ai desirree,
La douce dolour,
Que rienz qui soit nee
8 Ne m'a tel savour.

II. Douce dame, ainc ne vous dis nul jour
Ma grant dolor, ainz l'ai touz jours celee;
Mort m'ont mi oeill qui m'ont mis en errour,
Dont la painne n'iert ja jour achevee.
Je lor pardoinz quar tant m'ont fait d'onour
14 Que la meilleur du mont ai enamee.

III. Qui voit sa crigne bloie,
Que samble qu'el soit d'or,
Et son col qui blanchoie
Desouz le biau chief sor!...
C'est ma dame et ma joie
Et mon riche tresor.
Certes je ne voudroie
22 Sanz li valoir Hector.

IV. De si bele dame amer
Ne se porroit nus desfendre.
Puiz qu'Amours m'i fait penser
El me devroit bien aprendre
Conment porroie achever,
28 Puiz qu'ailleurs ne puet entendre.

La douce pensée
qui me vient d'amour
a pénétré mon cœur,
pour toujours, sans retour.
Je l'ai tant désirée,
la douce douleur,
que rien de ce qui existe
ne me paraît plus enivrant.

Douce dame, jamais je ne vous l'ai confiée,
ma grande douleur, je vous l'ai toujours dissimulée,
moi qui reçus ma mort de mes traîtres yeux,
et ma peine, jamais, ne verra sa fin.
Pourtant je leur pardonne pour l'honneur qu'ils m'ont fait
de me rendre amoureux de la meilleure qui soit au monde.

Oh! voir sa chevelure blonde!
On dirait de l'or!
Et la neige de son cou
dans la lumière de ses cheveux...
C'est ma dame, c'est là ma joie
et toute ma richesse.
Sans son amour, à quoi bon tenter
d'être l'égal d'Hector?

Qui pourrait s'interdire
d'aimer si belle dame?
Puisque Amour m'y incite,
qu'il m'apprenne aussi
comment la conquérir,
moi qui ne saurais m'éprendre d'aucune autre.

V. Se je li disoie
Que s'amours fust moie,
Grant orgueill feroie,
32 Neïs sel pensoie;

VI. Ainz souferrai mon martyre,
Ja ne savra mon penser,
Se par pitié ne remire
Les maus que me fait porter,
Quar tant redout l'escondire
De sa tres grant volenté;
Tel chose porroie dire
40 Dont el me savroit mal gré.

VII. La ou Dex a assamblé
Pris et valeur et bonté,
T'en va, descors, sanz plus dire
Fors itant, pour l'amour Dé,
C'on peut bien par toi eslire
Que je ne chant fors pour lé
47 Dont Dex me doint estre amé.

***

XXXIII. QUANT VOI
LO DOUZ TENS REPAIRIER
C'est dou decort Colin Muset

I. Quant voi lo douz tens repairier,
Que li rosignols chante en mai,
Et je cuiz que doie alegier
4 Li mals et la dolors que j'ai,
Adonc m'ocient li delai

La prier
de me donner son amour?
Trop présomptueux
même d'y penser.

Non, je subirai mon martyre
sans jamais le lui dire,
sauf à la voir prendre en pitié
la douleur qu'elle m'inflige,
car je crains les refus
qu'elle pourrait m'opposer
si je venais à lui dire
parole qui lui déplaise.

Auprès de celle en qui Dieu a uni
toute valeur et toute bonté
va, descort, sans rien ajouter;
mais au nom du ciel,
laisse bien entendre
que je ne chante que pour elle,
et Dieu, peut-être, m'accordera son amour.

* *
*

C'est le descort de Colin Muset

Quand je vois revenir la douce saison,
que chante en mai le rossignol,
quand je m'imagine
que vont s'apaiser
mes peines et ma douleur,

D'Amors qui les font engregnier.
Las! mar vi onques son cors gai
8 S'a ma vie ne lo conquier!

II. Amors de moi ne cuide avoir pechiez,
Por ceu que sui ses hom liges sosgiez.
Douce dame, pregne vos en pitiez!
12 Qui plus s'abasse, plus est essauciez.

III. Et qant si grant chose empris ai
Con de vostre amor chalengier,
Toz tens en pardons servirai,
16 Se tout n'en ai altre loieir.
Ma tres douce dame honoree,
    Je ne vos os nes proier,
Cil est mout fols qui si haut bee
20   Ou il n'en ose aprochier.

IV. Mais tote voie
Tres bien revoudroie
Vostre amors fust moie
24 Por moi ensengnier
Car a grant joie
Vit et s'esbanoie
Cui Amors maistroie :
28 Meuz s'en doit prosier.

V. Qui bien vuet d'Amors joïr,
    Si doit soffrir
    Et endurer
32 Qan k'ele li vuet merir;
    Au repentir
    Ne doit penser
C'om puet bien tot a loisir
36   Son boen desir

174

la longue attente que m'impose Amour
les avive et me fait mourir.
Hélas! pourquoi ai-je vu son corps charmant
si de ma vie je ne peux le posséder?

Comme je lui ai fait serment d'entière soumission,
Amour ne se croit aucune obligation envers moi.
Douce dame, ayez pitié!
Qui s'abaisse, sera élevé!

Puisque j'ai entrepris la difficile tâche
de conquérir votre amour,
je vous servirai toujours, en toute gratuité,
sans exiger d'autre récompense.
Ma douce dame vénérée,
je n'ose même vous adresser ma requête.
Il est fou l'amant qui met son désir en si haut lieu
qu'il n'ose s'en approcher!

Pourtant
j'aimerais bien
obtenir votre amour
pour me mettre à son école,
car il vit
dans la joie et l'allégresse
celui qui a pour maître Amour,
il peut en être fier.

Qui désire jouir de l'Amour
doit accepter
et endurer
tout ce qu'il lui destine.
Il ne doit pas
regretter d'aimer
car parfois
on peut arriver à bon port,

A point mener.
Endroit de moi, criem morir
    Meuz que garir
40   Par bien amer.

    VI. Se je n'ai la joie grant
Que mes fins cuers va chacent,
Deffenir m'estuet briement.
44 Douce riens por cui je chant,
En mon descort vos demant
Un ris debonairemant,
S'en vivrai plus longemant,
48 Moins en avrai de torment.

    VII. Bele, j'ai si grant envie
D'embracier vostre cors gent,
S'Amors ne m'en fait aïe,
52 J'en morrai coiteusement.
Amors ne m'en faudrat mie
Car je l'ai trop bien servie
Et ferai tote ma vie
56 Senz nule fause pansee.
Preuz, de tote gent loee
Plus que nule qui soit nee,
Se vostre amors m'est donee,
60 Bien iert ma joie doublee.

    VIII. Mon descort ma dame aport,
La bone duchesse, por chanter :
    De toz biens a li m'acort,
64 K'ele aime deport, rire et juer.

    IX. Dame, or vos voil bien mostrer
Que je ne sai vostre per
De bone vie mener
68 Et de leialment amer.

sans le moindre effort.
Mais pour moi je crains
que mon amour fervent ne m'apporte la mort
et non la guérison.

Si je n'obtiens la joie suprême
que mon cœur poursuit avec ardeur,
je n'aurai plus qu'à mourir.
Douce dame pour qui je chante,
je vous demande par mon descort
un sourire plein de bonté.
Il me fera plus longtemps vivre
et diminuera mon tourment.

Belle, j'ai si grand désir
d'enlacer de mes bras votre beau corps
que si Amour ne vient à mon secours,
je ne pourrai un seul instant survivre.
Mais il ne m'abandonnera pas,
moi qui n'ai cessé de le servir,
et le ferai toute ma vie,
sans jamais le trahir.
Dame, vous dont la valeur est, plus que toute autre,
en tous lieux célébrée,
si vous m'accordez votre amour,
ma joie sera deux fois plus grande.

Je présente mon descort à ma dame,
la bonne duchesse, pour qu'il soit chanté.
Entre nous, point de désaccord
car elle aime, comme moi, le plaisir, les rires et les jeux.

Dame, voyez-vous,
je ne connais personne qui sache, comme vous,
goûter le plaisir de vivre
et aimer loyalement.

Adés vos voi enmender
En vaillance et en doner :
Nel lassiez ja por jangler :
72 Que ceu ne vos puet grever!

A mes yeux brillent sans cesse davantage
votre valeur et votre générosité.
N'allez pas y renoncer, à cause des médisants :
ils ne sauraient vous faire le moindre mal!

LE LAI ARTHURIEN

Le terme de lai désigne au Moyen Age deux modes d'écriture différents : d'une part les lais narratifs, tels ceux de Marie de France, qui sont des récits brefs en octosyllabes à rimes plates, et d'autre part, les lais lyriques, poèmes destinés au chant, qui seuls nous occupent ici.

Le mot *lai* est attesté dès le IXe siècle dans une glose irlandaise où il désigne le chant des oiseaux. Puis le sens du mot évolue et signifie, toujours chez les Celtes, le chant accompagné sur la harpe ou sur la rote.

Deux types de lais ont été composés en langue d'oïl, les lais dits *indépendants* qui se rapprochent du descort voire se confondent avec lui (voir p. 169) et les lais dits *arthuriens,* d'une facture toute différente. De ce type de lai, il nous reste une cinquantaine d'exemples. Ce sont des pièces lyriques, insérées dans certains romans en prose du XIIIe et du XIVe siècles comme le *Tristan en prose* ou le *Roman de Perceforest.* Ces poèmes se composent d'un nombre variable de quatrains d'octosyllabes monorimes; ils sont isométriques et isostrophiques. Ils sont mis dans la bouche des personnages des romans qui sont supposés, le plus souvent, les composer et les chanter eux-mêmes. Le *Tristan en prose* comporte ainsi quatorze insertions de lais dont six avec leur mélodie. A quelques variantes près, la même mélodie se répète de strophe en strophe : ainsi du lai d'Yseut qui en comporte trente-deux. Certains ont voulu voir une communauté d'origine entre ces lais et la séquence liturgique. Sans aller aussi loin, il faut noter la ressemblance entre ces mélodies, les *versus* de l'École d'Aquitaine et les mélodies des premiers troubadours.

LAI MORTEL D'ISEUT.

Ce lai est extrait du *Tristan en prose*, ample roman du XIII° siècle qui reprend la légende des amants de Cornouailles en l'unissant à l'histoire du monde arthurien telle que la décrit l'autre grand roman en prose du XIII° siècle, le *Lancelot en prose*, et qui modèle plus ou moins le couple Tristan-Iseut sur le couple Lancelot-Guenièvre.

Le lai est composé par Iseut elle-même, selon la fiction que propose l'auteur anonyme du *Tristan*, au moment où Marc vient de lui faire croire que son amant est mort. Ce qui décide la reine à se suicider. Le contexte immédiat évoque le beau verger où elle se réfugie pour se donner la mort et les oiseaux qui y chantent leur joie. Puis le texte ajoute : « Quant la royne out grant piece escouté ce chant et celle melodie, adont li souvint du Moroys ou elle out ja dis eu tant de son deduit avec monseigneur Tristan, et lors recommence a plourer moult tendrement. Et quant elle a celui plour finé en tel maniere, en atemprant sa harpe, elle commença tout en plourant son lay en tel maniere. » L'élan poétique naît ainsi du contraste entre la beauté de la nature, la joie du monde et le désespoir de la reine.

Comme la plupart des lais du *Tristan en prose*, ce texte se caractérise par l'utilisation de rimes recherchées, équivoques et léonines notamment, et par un mélange assez original d'éléments lyriques et d'éléments narratifs. Les strophes XII à XVII évoquent ainsi les événements les plus importants de la vie des amants. Événements propres, parfois, au *Tristan en prose* comme la rivalité entre Tristan et Palamedés, chevalier épris d'Iseut ou le combat de Tristan contre Seguradés. Un autre trait caractéristique du *Tristan,* et également souligné ici, est la haine constante et efficace du roi Marc pour son neveu.

Le texte du lai a été établi d'après le ms.B.N.fr.335.

XXXIV. LI SOLAUX LUIST
ET CLERS ET BEAUX

I. Li solaux luist et clers et beaux
Et j'oy le doulz chant des oyseaux
Qui chantent par ces arbriseaux,
4 Entour moy font leurs chans nouviaux.

II. De ce doulz chant, de ce soulas
Et d'Amours qui me tient en las
Esmeuf mon chant, mon lay en fas,
8 Ma mort en deduis et soulas.

III. Dolente et mon dueil recordant,
Voys contre ma mort concordant
Mon chant qui n'est pas descordant;
12 Lay en fas, dous et acordant.

IV. De ma mort que voy aprochier
Fais un lay qui sera moult chier;
Bien devra tous amans touchier,
16 Qu'Amours me fait a mort couchier.

V. Liee, triste, chantant, plourant
Vois Amours et Diex aourant.
Tuit amant, venés sa courant :
20 Vés Yseut qui chante en mourant.

VI. Lay commens de chant et de plour,
Je chant mon lay et si le plour.
Chant et plour m'ont mise en tel tour
24 Dont jamais ne feray retour.

VII. Amis Tristan, quant vous scay mort,
Premierement maudi la mort

Le soleil répand la splendeur de sa lumière
et j'entends le doux ramage des oiseaux
qui chantent parmi les arbres.
Autour de moi s'élève leur chant nouveau.

Ce chant, cette joie,
et l'Amour qui me tient captive
m'invitent à chanter à mon tour : je compose mon lai
et j'en charme ma mort.

Triste, la mémoire endeuillée,
je vais accordant mon chant à la voix de ma mort.
En mon lai, nulle discordance,
tant il est doux et harmonieux.

Sur ma mort qui approche
je fais un lai qui sera bien aimé :
tous les amants doivent être émus de l'entendre,
car l'amour me fait terrasser par la mort.

Joyeuse et triste, je chante parmi mes pleurs,
adorant l'Amour, adorant Dieu.
Venez, tous les amants, accourez
voir Yseut qui chante en mourant.

Je commence mon lai, chant de pleurs,
je chante mon lai et je le pleure.
Chants et pleurs m'ont mise sur une route
dont jamais je ne reviendrai.

Tristan, Ami, je sais que vous êtes mort;
cette mort est un scandale,

Qui de vous le monde remort,
28 Se d'aultretel mors ne me mort.

VIII. Puis qu'estes mort, je ne quier vivre
Se ne vous veïsse revivre.
Pour vous, amis, a mort me livre :
32 Ja yert de moi le mont delivre.

IX. Amis qui de toute bonté
Aviés tout le mont surmonté,
Se mort vous eüst mesconté,
36 Courtoisement eüst conté.

X. Mais quant vous a mis en son conte
Et le monde pour mort vous conte,
Se vos pleurent et roy et conte,
40 N'est pas trop merveilleux aconte.

XI. Amis, jamais n'yert qui vous vaille
Ne qui a vos tres haulz fais aille.
Ou monde n'a mais fors frapaille,
44 Bien avon changié grain pour paille.

XII. Amis, par vostre grant effort
Fu occis mon oncle le fort.
March en est de servage estort.
48 Or estes mort, par Dieu, c'est tort.

XIII. Amis, de cest mortel estour
Fuissiés vous mort sans nul retour
Pour le venin de mal atour,
52 Mais je vous gari en ma tour.

XIV. Puis moustrastes apertement
En Yrlande, ou tournoiement,
Que Palamedés vraiement
56 N'ert pas de vostre hardement.

je la maudis
si elle ne me mord d'une semblable morsure.

Quand vous êtes mort, pourquoi vivrai-je
si je ne peux vous voir revivre?
Pour vous, ami, je m'offre à la mort,
bientôt le monde sera délivré de moi.

Ami qui avez, par votre valeur,
surpassé tout ce que porte le monde,
si dans ses comptes elle vous avait oublié,
la mort aurait fait un beau geste!

Mais puisqu'elle vous a compté
et que le monde aussi vous compte parmi les morts,
si rois et comtes vous pleurent,
cela n'a rien d'étonnant.

Ami, personne ne vous vaudra jamais
ni n'égalera votre prouesse.
Ici-bas ne reste que valetaille :
nous, nous avons changé contre le grain la paille.

Ami, par votre grande prouesse,
vous avez tué mon oncle, le fort.
Marc sortit ainsi de l'esclavage.
Votre mort, maintenant, est cause d'une grande perte.

Ami, vous n'auriez pu échapper à la mort,
ce combat aurait eu des suites inéluctables,
et fatal vous aurait été le venin,
si je ne vous avais guéri dans ma tour.

Puis en Irlande, à ce tournoi,
vous avez bien donné la preuve
que Palamedés, en vérité,
n'avait pas votre audace.

XV. Puis le fait de Palamedés,
Vous essaia Seguradés.
La vous haÿ roy March adés.
60 Nous nous entr'amasmes aprés.

XVI. Ainc puis que le monde fu fais
Ne fu fais amours si parfais
Com cest, que par dis ne par fais
64 Ne pout onques estre desfais.

XVII. Quant ou Morois fusmes venu,
N'y out plais fors d'amours tenu;
La fu bien amours maintenu.
68 Or nous en est mal avenu.

XVIII. Quand je recort ycelle vie
Dont j'ai ore si grant envie,
Jou di que bien nee est l'amie
72 Qui es bras son ami devie.

XIX. Amis, moult ay plaint et plouré
Et moult destroit dueil demené
Car Amours qu'avoie aouré
76 A mon cuer du tout acoré,

XX. Amours ou je oy m'esperance
Et mon espoir et ma fiance.
Com en Dieu n'oy autre creance,
80 Mais or a a ma mort beance.

XXI. Ne fist pas tel perte jadis
Adans quant perdi paradis
Com a fait Yseut, et tant dis
84 Com muert, fenist chans plus de dis.

Après votre victoire sur Palamedés,
vous avez été provoqué par Séguradés.
C'est alors que le roi Marc vous prit en haine.
Peu après naquit notre amour.

Depuis la création du monde,
il n'y eut si grand amour.
Rien, ni paroles ni actes,
ne put jamais le détruire.

Quand nous étions dans le Morois,
l'amour était notre seul entretien.
Comme nous l'y avons bien vécu!
Maintenant, tout nous est changé en malheur.

Le souvenir de cette vie
m'emplit de nostalgie
et je me dis qu'elle est heureuse, l'amante
qui meurt entre les bras de son amant.

Ami, j'ai gémi et j'ai pleuré,
et mon chagrin a été atroce,
car l'amour que j'avais adoré
m'a transpercé le cœur.

Cet amour qui était mon espérance,
mon attente et ma foi,
– je ne croyais qu'en lui comme l'on croit en Dieu –
maintenant ne veut plus que ma mort.

Adam, quittant jadis le Paradis,
n'a pas autant perdu qu'Yseut,
qui, tandis qu'elle meurt,
achève son chant.

XXII. Amis, quant pour moi estes mort,
Se pour vous muir, ce n'est pas fort;
Ne vous puis faire autre confort
88 Fors que je muir pour vostre mort.

XXIII. Tristan, amis, amis, amis,
Icelui cuer que je ja mis
En vous amer, yert or malmis
92 Et par vostre espee a mort mis.

XXIV. Espee, maint coup avés fait,
Vous abatistes maint forfait,
Mais or est ad ce vostre fait
96 Que de moi ferés le parfait.

XXV. Hé, espee richement painte,
Ja serois en mon cuer empainte,
De mon porpre sanc serés tainte.
100 En cest tours or m'a mort atainte.

XXVI. Mourir me fait d'Amours la flame;
Sy fort m'engoisse et si m'enflame
Qu'il me destraint le corps et l'ame.
104 Avant mes jours me met soubs lame.

XXVII. Amis Tristan, Tristan amis,
Tant fara Diex de mon advis
Qu'en enfer ou en paradis
108 Demourt m'ame lés vostre vis.

XXVIII. Je muir, vois m'ent ne scay quel
                                    [voie,
Ne scay s'el m'avoie ou desvoie.
Vis m'est que Tristan me convoie,
112 Vers la maison d'Amours m'avoie.

190

Ami, vous qui êtes mort pour moi,
si je meurs pour vous, ce n'est pas extraordinaire :
je ne puis autrement vous consoler
qu'en mourant pour votre mort.

Tristan, ami, ami, ami,
ce cœur que j'ai tout entier placé en votre amour
sera maintenant sacrifié :
c'est votre épée qui le tuera.

Épée, vous avez donné bien des coups,
abattu bien des félons,
mais votre ultime exploit
sera de vous tourner contre moi.

Ah! épée aux vives couleurs,
vous allez être plantée dans mon cœur,
vous serez teinte de mon sang
car à ce coup la mort m'a atteinte!

Je meurs, brûlée par la flamme de l'Amour,
elle me tord, elle m'embrase,
elle me consume le corps et l'âme.
Je suis jeune encore, et elle me mène au tombeau.

Ami Tristan, Tristan ami,
Dieu permettra, j'en suis sûre,
qu'en enfer ou en Paradis,
mon âme demeure près de votre visage.

Je meurs, je ne sais où me mène le chemin où je
[m'engage.
Est-ce le bon? Est-ce le mauvais?
Il me semble qu'à mes côtés marche Tristan,
qu'il me conduit vers la maison de l'Amour.

XXIX. Amis, bien est drois que je sente
Pour vous la mort, ja voy la sente
De la mort qui a moy s'assente.
116 Que plus vive, Diex nel consente!

XXX. A cestui point le mien lay fine.
En chantant et plourant define
Yseut qui muert pour amour fine;
120 Si bien ne morut ains roÿne.

XXXI. Mon lay fin, et vous tuit amant
Proy mout que vous n'alés blasmant
Yseult s'ele muert en amant :
124 Sa fin va Tristan reclamant.

Mon bien aimé, il est juste que j'affronte pour
la mort. Je la vois devant moi,   [vous
qui trace mon chemin.
Qu'à ma mort, Dieu enfin consente!

    Ici s'achève mon lai.
Parmi les chants, parmi les pleurs, il arrive à sa fin.
Yseut qui meurt, meurt par amour.
Jamais reine n'eut si belle mort.

    Mon lai s'achève. Oh! vous les amants,
je vous supplie, ne blâmez pas Yseut
si elle va de son amour mourant :
Tristan est là, qui l'appelle vers la mort.

II

« CONME A UN HAUT SAINTUAIRE »

(Thibaut de Champagne)

CHANSONS A LA VIERGE

Une part importante et trop souvent méconnue de la poésie lyrique médiévale est consacrée à la célébration du culte marial. A l'image des poésies que nous avons ici retenues, ces pièces se répartissent en deux grandes catégories. Les unes reprennent le schéma formel et mélodique et bien souvent les motifs de la chanson d'amour en substituant la célébration de la Vierge et de ses pouvoirs au culte de la Dame. Ainsi des deux pièces de Gautier de Coincy, des contrafactures des chansons de Gace Brulé, la chanson de Thibaut de Champagne étant davantage un adieu à l'amour qu'une authentique chanson à la Vierge qui n'apparaît que dans l'envoi.

Un autre groupe de textes où se retrouvent surtout des imitations savantes de l'Ave Maria et des litanies de la Vierge, où le rythme incantatoire s'allie à la réflexion théologique et à la méditation fervente, évoque, au-delà des pouvoirs de la Mère de Dieu, les grands mystères auxquels elle participe et son rôle capital pour la rédemption de l'humanité.

Les textes ont été établis pour Thibaut à partir de l'éd. Wallensköld et du ms. *K;* pour Gautier de Coincy, nous avons repris le texte de l'éd. Koenig, pour Guillaume le Vinier, le texte de l'éd. Ph. Ménard. Les autres chansons pieuses sont données d'après le recueil de Jarnström et le ms. *V.*

XXXV. TANT AI AMORS
SERVIES LONGUEMENT
Thibaut de Champagne

I. Tant ai amors servies longuement
Que des or mes ne m'en doit nus reprendre
Se je m'en part. Ore a Dieu les commant,
4 Qu'en ne doit pas touz jorz folie enprendre,
Et cil est fous qui ne s'en set deffendre
Ne n'i conoist son mal ne son torment.
L'en me tendroit des or mes por enfant
8 Car chascun tens doit sa seson atendre.

II. Je ne sui pas si com cil autre gent
Qui ont amé, puis i vuelent contendre
Et dient mal par vilain escïent;
12 Mes nus ne doit seigneur servise vendre,
Encontre lui mesdire ne mesprendre,
Et s'il s'en part, parte s'en bonement.
Endroit de moi vueil je que tuit amant
16 Aient grant bien quant je plus n'i puis prendre.

III. Amors m'a fet maint bien tresques ici,
Qu'ele m'a fet amer sanz vilanie
La plus tres bele et la meilleur ausi,
20 Au mien cuidier, qui onques fust choisie.
Amors le veut et ma dame m'en prie
Que je m'en parte, et je mult l'en merci.
Quant par le gré ma dame m'en chasti,
24 Meilleur reson n'i truis a ma partie.

IV. Autre chose ne m'a Amors meri
De tant com j'ai esté en sa baillie,

Je me suis si longtemps consacré à mes amours
que personne ne me peut faire reproche
de renoncer à elles. Je m'en libère devant Dieu,
car on ne peut toujours abdiquer toute sagesse,
et il est fou, celui qui persévère
sans reconnaître la racine de son mal.
Si je faisais de même, on me prendrait pour un
[enfant :
il est une saison pour chaque chose.

Je n'ai rien de commun avec ces gens
qui ont aimé puis s'insurgent contre Amour,
et en médisent, emportés par la rage et le dépit.
On ne doit pas vendre ses services à son maître,
calomnier Amour ou le trahir :
qui l'abandonne, qu'il le fasse avec élégance !
Je souhaite pour moi que tous les amants
connaissent le bonheur, même si je n'y ai plus part.

Amour jusqu'ici a su me combler :
il m'a fait aimer, sans démériter,
la plus belle et la meilleure,
je pense, que l'on puisse rencontrer.
Mais Amour m'ordonne (et c'est aussi le vœu de ma
[dame),
de me détacher et je l'en remercie.
Puisqu'il me presse et qu'elle y consent,
je ne peux trouver meilleure justification.

Amour ne m'a rien accordé
tant que j'ai été en son pouvoir.

Mes bien m'a Deus par sa pitié gueri,
28 Quant delivré m'a de sa seignorie.
Quant eschapez li sui sanz perdre vie,
Ainz de mes eux si bon estre ne vi.
Si cuit je fere encor maint jeu parti
32 Et maint sonet et mainte raverdie.

V. Au commencier se doit on bien garder
D'entreprendre chose desmesuree;
Mes bone amor ne let honme apenser
36 Ne bien choisir ou mete sa pensee.
Plus tost aime on en estrange contree,
Ou on ne puet ne venir ne aler,
Qu'on ne fet ce qu'on puet toz jorz trover;
40 Ici est bien la folie provee.

VI. Or me gart Deus et d'amor et d'amer
Fors de Celi cui on doit aourer,
43 Ou on ne puet faillir a grant soudee.

Mais Dieu, dans sa pitié, m'a sauvé
en m'arrachant à son emprise.
Jamais je n'ai vécu moment plus heureux
que celui où j'ai fui au lieu d'y laisser ma vie,
et je compte bien faire encore maints jeux partis,
maintes chansons d'amour et maintes reverdies.

On doit bien se garder, de prime abord,
de toute démesure,
mais l'amour véritable ne laisse pas le loisir
de bien choisir l'objet de ses pensées :
on préfère aimer en une terre lointaine
où l'on ne peut aller
que de savoir prendre ce qui est donné à demeure.
Voilà bien là notre folie!

Dieu me garde désormais d'aimer personne
sinon Celle que l'on doit adorer.
De cet amour, la récompense est hautement assurée.

GAUTIER DE COINCY

Gautier de Coincy, né en 1177, mort en 1236, prieur de Vic-sur-Aisne puis grand prieur de l'abbaye bénédictine de Saint-Médard de Soissons, a consacré sa vie et ses talents multiples de musicien, d'écrivain et de poète au culte de la Vierge. Gautier est en effet l'auteur de la plus célèbre collection de *Miracles de Notre Dame* de la littérature médiévale – on peut au moins citer sa version du *Miracle de Théophile* – et de la plus répandue. Ces *Miracles,* dans les manuscrits, sont répartis en deux livres qui, après un prologue, s'ouvrent sur un ensemble de sept chansons, expression personnelle de la dévotion du poète, de l'amour mystique du clerc pour sa Dame des cieux.

Peu originales par les thèmes qu'elles développent, ces chansons se caractérisent, comme les *Miracles,* par la fréquence des jeux verbaux et des rimes recherchées. Poésie de grand rhétoriqueur avant la lettre, où rien ne semble trop beau, des richesses du verbe, pour parer et exalter la mère de Dieu.

XXXVI. JA POUR YVER,
POUR NOIF NE POUR GELEE

I. Ja pour yver, pour noif ne pour gelee
N'iere esbaubis, pereceus, mus ne mas
Que je ne chant de la dame honouree
4 Qui Jhesu Crist porta entre ses bras.
Chascun an fas de la virge sacree
Un son nouvel, dont tout l'an me solas.
Dire puet bien qui a s'amor bien bee :
8   *« Vous ne sentez mie*
  Les dous maus d'amer
  Aussi com je fas. »

II. Ne devroit pas amors estre apelee
12 L'amors de coy li cors a les degras.
Quant l'ame en est sanz finement dampnee,
N'est pas amors, ainz est guille et baras.
Por ce pourchas l'amor bone eüree
16 Dont l'ame atent a toz jors les solas :
Si faite amors m'atalente et agree.
  Vous ne sentez mie
  Les dous maus d'amer
20 *Aussi com je fas.*

III. Vous qui amez la grant rose espanie
Ou Sainz Espirs se reposa et jut,
Vos en arez la pardurable vie
24 Mais que vos cuers ne se varit et mut.
Vos qui par truc amez et par boisdie,
Sachiez qu'a Dieu vostre amor flaire et put;
Dampnez serez par vostre lecerie.

Peu m'importe l'hiver, la neige et la gelée :
jamais je ne serai assez désemparé, paresseux, muet ou
[abattu,
pour ne pouvoir célébrer par mon chant la dame
[vénérée,
celle qui porta Jésus-Christ dans ses bras.
Chaque année je compose, pour la Vierge bénie,
un chant nouveau qui douze mois durant m'inonde de
[joie.
Il peut bien dire, celui qui désire son amour :
« *Vous ne sentez pas,*
comme moi,
le doux mal d'amour ».

L'amour dont les plaisirs ne concernent que le corps
ne devrait pas être appelé amour.
Cet amour qui conduit l'âme à sa damnation
n'est pas amour, mais mensonge et trahison.
Voilà pourquoi je recherche l'amour bienheureux,
dont l'âme espère à tout jamais les délices.
Tel est l'amour qui m'attire et me comble.
Vous ne sentez pas,
comme moi,
le doux mal d'amour.

Vous qui aimez la splendeur de la rose épanouie
où le Saint-Esprit trouva son lieu et son repos,
vous connaîtrez la vie éternelle,
si votre cœur ne change pas de lois.
Mais vous qui aimez dans la ruse et la trahison,
sachez que devant Dieu un tel amour n'est que puanteur,
et que vous serez damnés pour prix de vos débauches.

205

28 *Pour Dieu, traez vos en la,*
   Vos qui n'amez mie.

IV. Qui vieut avoir bien savoureuse amie,
   Aint de vrai cuer, ne ja ne s'en remut,
32 Celi dont Diex parla par Ysaïe
   Qui de Jessé burjona, naist et crut,
   Get puer et rut amour de vilenie,
   De fole amor die adés « troupt! » et « trut! »
36 Et puis aprés tout hardiement die :
   « *Pour Dieu traez vos en la;*
   Vos qui n'amez mie. »

V. Querons le grain, laissons aler la paille;
40 Laissons l'amer qui tout l'ame et l'avoir,
   S'amons celi de cuer et de coraille
   Sanz cui amor nus ne puet Dieu avoir.
   Cil fait savoir qui pour s'amor travaille.
44 Nus ne l'aimme, ce sachiez bien de voir,
   Si tres petit que mil tans mieuz n'en vaille.
   Toutes les eures que je pens a li
   En cuit je mieux valoir,
48 *En doi je mieuz valoir.*

VI. Dame cui Diex et touz li mondes prise,
   Mout volontiers vos lo, pris et renom.
   Pour vostre amor, qui m'esprent et atise,
52 Pluseurs foiz ai fait maint dit et maint son.
   En guerredon requier a vo franchise
   De vostre amour autant com un suiron.
   Tant en vaut mieuz que touz li ors de Frise.

Par Dieu, éloignez-vous,
vous qui n'aimez pas.

Celui qui souhaite une amie exquise,
qu'il aime d'un cœur sincère, à tout jamais fidèle,
celle que Dieu nomma par la bouche d'Isaïe,
le surgeon issu de l'arbre de Jessé,
et qu'il rejette bien loin toutes les amours immondes;
les folles amours, qu'il leur dise : « Fi, dehors! »
et qu'animé de zèle, il s'écrie :
     « Par Dieu, éloignez-vous,
     vous qui n'aimez pas. »

Cherchons le grain, laissons aller la paille;
rejetons l'amour qui ravit les biens de l'âme;
aimons de tout notre cœur, de toutes nos entrailles,
celle sans l'amour de qui nous sommes privés de
                                        [Dieu.
Il est bien sage celui qui s'efforce de mériter son
                                        [amour
car sachez-le en vérité, nul ne l'aime,
aussi misérable soit-il, sans valoir mille fois mieux.
     Toutes les fois que je pense à elle,
     je vaux mieux, je crois,
     je vaux mieux, c'est certain.

Dame qui êtes de Dieu la dilection, et de tout
                                        [l'univers,
comme j'aime à célébrer vos louanges!
L'amour de vous, qui m'éprend et me brûle,
je l'ai souvent chanté dans des vers et des chansons.
Comme récompense, comme preuve de votre
                                        [générosité,
je ne demande qu'une miette de votre amour :
elle me sera plus bénéfique que tout l'or de la
                                        [Frise.

Douce dame, car m'amez!
Ja ne pris se vos non.

VII. Vostre amor a, dame, telle efficace
Que nus n'en a si petite parçon
60 Dou roi dou ciel n'ait l'amor et la grace.
Pour ce servir et amer vos doit on.
N'est, voir, nus hom cui li douz Diex tant hace
N'en ait merci s'il vos sert de cuer bon.
64 Nus ne vos sert qui bone fin ne face.
Qui donrai je mes amors,
Mere Dieu, s'a vos non?

*
* *

XXXVII. QUI QUE FACE
ROTROUENGE NOVELE

I. Qui que face rotrouenge novele,
pastorele, son, sonet ne chançon,
je chanterai de la sainte pucele
4 es cui sains flans li fius Dieu devint hom.
Il m'est avis, certes, quant je la nom,
goutes de miel degoutent de son nom.
Je ne veil mais chanter se de li non;
d'autre dame ne d'autre damoisele
9 ne ferai mais, se Dieu plaist, dit ne son. Amen.

II. De tout son cuer et de toute s'entente
loer la doit chascons et jor et nuit.
Tant con vivrai, chasqu'an li doi de rente,
13 par fine amor, chançonnete ou conduit.
A seür port toz celz mainne et conduit
qui de bon cuer entrent en son conduit.
En li servir sont tout li grant deduit,

> *Douce dame, aimez-moi!*
> *Moi, je n'aime que vous.*

Votre amour, Dame, a tel pouvoir,
que quiconque en obtient la moindre parcelle
est sûr d'obtenir l'amour et la grâce du roi du ciel.
Aussi doit-on vous servir et vous aimer.
Nul, si détesté qu'il soit de Notre Doux Seigneur,
n'est rejeté loin de lui s'il vous sert d'un cœur sincère,
et nul ne vous sert qui ne fasse une bonne fin.

> *A qui donc vouer mes amours,*
> *Mère de Dieu, sinon à vous?*

***

Que d'autres composent de nouvelles rotrouenges,
des pastourelles, des chansons ou de grands chants
[d'amour,
moi je choisis de chanter en l'honneur de la Vierge,
de celle qui porta le fils de Dieu devenu homme.
Et déjà il me semble, rien qu'à le prononcer,
que des larmes de miel tombent en gouttes de son nom.
Elle seule désormais aura droit à mes chants
et nulle autre dame, nulle autre demoiselle,
s'il plaît à Dieu, ne recevra de moi d'autres vers ou
[d'autres chants. Amen.

De tout son cœur, de toute son âme,
que chacun de nous la célèbre jour et nuit.
Chaque année, tant que je vivrai, je m'acquitterai
[envers elle
en lui offrant, avec tout mon amour, une chanson ou un
[conduit.
A un port sûr, elle guide et conduit

car c'est et fu la tres savoreuse ente
18 qui toz nos paist de son savorous fruit.

III. Qui bien la sert et qui l'a en memoire
faillir ne puet que grant loier n'en ait.
En ses sainz flanz porta le roi de gloire
22 et sel norri de son savoreus lait.
La mere Dieu, voir, endormir ne lait
nului qui l'aint en ort pechié n'en lait.
Quant il i chiet, erranment l'en retrait.
Qui bien la sert jor et nuit sanz recroire,
27 Paradis a desrainié par fin plait.

IV. Marions nous a la virge Marie.
Nus ne se puet en li mesmarïer.
Sachiez de voir, a li qui se marie
31 plus hautement ne se peut marïer.
Asseür est en air, en terre, en mer
qui bien la sert et bien la vielt amer.
Amons la tuit, en li n'a point d'amer.
Ja ne faura a pardurable vie
36 qui de bon cuer la volra reclamer.

V. Cui vielt aidier la roïne celestre,
nus n'a pooir qui le griet ne mesmaint.
Ele est dou ciel porte, pons et fenestre;
40 cui metre i veilt, par defors ne remaint :
par li i sont entré maintes et maint.
A jointes mains li depri que tant m'aint,
par sa douceur, qu'a fine fin me maint.
Au jugement tous nous mete a la destre
45 de sen dous fil, ou toute douceurs maint. Amen.

tous ceux qui veulent bien suivre ses voies.
Son service est le lieu de toutes les extases
car elle est, elle fut la branche dont le fruit
sait tous nous rassasier de sa délectable saveur.

Celui-là sans aucun doute aura sa récompense
qui sait bien la servir et garder sa mémoire.
Elle porta dans ses flancs bénis le roi de gloire
et le nourrit de son lait délectable.
Celui qui l'aime, la mère de Dieu ne le laisse pas
succomber à l'horreur du péché,
mais s'il tombe, elle le relève rapidement.
Et qui la sert nuit et jour sans jamais renoncer,
il s'est, en toute justice, acquis le Paradis.

Il faut prendre la Vierge Marie pour épouse.
Ce ne peut être pour personne une mésalliance.
Et sachez-le, en vérité, celui qui s'unit à elle
ne peut espérer plus haute alliance.
Qui la sert avec zèle, se voue à son amour,
n'a rien à redouter des airs, de la terre ou de la mer.
Aimons-la tous, en elle, il n'est point d'amertume.
Et la vie éternelle sera accordée
à qui l'invoquera d'un cœur fervent.

Celui que la reine céleste a pris sous sa protection,
nul n'a pouvoir de lui nuire et de le malmener.
Elle est, du ciel, la porte, le passage, l'ouverture.
Qui elle veut y faire entrer, ne peut rester sur le seuil.
Maintes et maints ont pu, grâce à elle, y pénétrer.
Pour moi, mains jointes, je la supplie qu'elle m'aime
[assez
pour me mener, dans sa bonté, au meilleur port.
Puisse-t-elle, au jour du jugement, nous mettre tous
à la droite de son cher fils, en qui résident toutes
[douceurs. Amen.

XXXVIII. DE BOENE AMOUR
ET DE LOIAL AMIE

    I. De boene amour et de loial amie
Vaurai chanter, car j'en ai souvenance,
Si canterai de la virge Marie
4 En cui Diex vaut prendre d'oume samblance
Et demourer. IX. mois, sans riens falir,
Pour nous faire de la prison issir
U nos peres Adans nous fist caïr
· 8 Et sa mollier Eve par ignorance.

    II. Dame des ciex, roïne digne et france,
Sourjons de pais, cors de roiaus ligniie,
De vous issi, ce n'est mie doutance,
12 Cil ki souffri mort pour nous rendre vie.
Bien nous devroit de cuer faire fremir
Cele griés mors ke on li fist souffrir
Ens en la crois, quant on li vint ferir
16 Le caup de mort, k'il ne deservi mie.

    III. Dame des ciex, l'eure soit beneïe
Ke portastes le signeur de poissance
Par cui cors fu la grans dete paiie
20 Ki. V. mil ans ot esté en souffrance.
Par Eva fu la dete, sans mentir,
Et par Ave le fist cils amenrir
Ki a la crois ala son cors offrir
24 En paiement de nostre delivrance.

Le bon amour et la loyale amie
je veux les chanter car j'en ai souvenance.
Je chanterai la Vierge Marie
en qui Dieu voulut prendre forme humaine
et demeurer neuf mois entiers
pour nous libérer de la prison
où notre père Adam nous précipita,
ainsi qu'Eve, son épouse, par ignorance.

Dame des cieux, haute et noble souveraine,
surgeon de paix, corps de royal lignage,
il est né de vous, nous le tenons pour certain,
Celui qui endura la mort pour nous rendre la vie.
Comment peut-on évoquer sans frémir
cette mort atroce qu'on lui fit subir
sur la croix, quand Il reçut
le coup fatal, Lui qui n'était qu'innocence?

Dame des cieux, béni soit le temps
où vous avez porté le Seigneur Tout-Puissant
qui, par son corps, paya notre lourde dette,
restée en souffrance pendant plus de cinq mille ans.
Éva, en vérité, en fut la cause,
mais grâce à *Ave*, il sut bien l'alléger,
Lui qui offrit son corps sur la croix
en paiement de notre délivrance.

IV. Mout nous doit bien tourner a grant
[plaisance
Ce ke Diex fist pour nous tel courtoisie
K'il consenti k'on prist a lui vengeance
28 De çou k'autres deservi par folie;
Mais droite amours le fist a ce venir
Ke daïté vint cha desous couvrir
D'umaine char, ki couvenoit morir
32 Ains k'il eüst nostre dete aquitie.

V. Et puis ke Diex souffri si griés haskie
Pour nostre amour et si crüex grevance,
Pechié ferons et si grant vilounie
36 Se n'en avons pitié et ramenbrance
Et volenté de lui si bien servir
Ke nous puissons son saint lieu deservir.
Dame des ciex, voeilliés vous assentir
40 K'a vostre enfant faciés nostre acordanche.

***

XXXIX. QUANT GLACE ET NOIS
ET FROIDURE S'ESLOIGNE

I. Quant glace et nois et froidure s'esloigne,
Que cil oisel ne finent de chanter,
Lors est raison que toute riens s'adoigne
A la dame des anges hounorer,
En cui s'enclost pour le monde sauver
Li rois des rois, qui les maus nos pardoigne
7 Dont nos devons les painnes redouter.

Ce doit être pour nous une source de joie
de savoir que Dieu, dans sa mansuétude,
a accepté d'assumer le châtiment
qu'un autre avait mérité pour son acte insensé.
C'est l'amour véritable qui l'incita
à revêtir ici-bas sa divinité d'une forme humaine
et à se soumettre à la mort
afin de pouvoir acquitter notre dette.

Et quand Dieu a souffert tant de tourments
pour l'amour de nous, et si cruelle peine,
nous commettrions un abominable péché
si nous n'en gardions pas remords et souvenir
et si nous n'avions pas le ferme propos
d'accomplir sa volonté pour mériter son Paradis.
Dame des cieux, veuillez bien consentir
à nous unir à votre enfant.

*
* *

Quand neige, glace et froidure disparaissent,
quand les oiseaux ne cessent de chanter,
il convient que toute créature se consacre
à honorer la reine des anges,
celle qui reçut en son sein le Sauveur du monde,
— qu'Il nous pardonne nos péchés! —
le Roi des rois dont nous devons craindre le châtiment.

II. Ja n'avera grevance ne besoigne
Ne mors ne vis cui ele vuet tenser,
Nus ne la sert qu'ele ne guerredoigne
Plus gentement qu'il ne savroit penser;
Et por ce vuil en li servir user
Et cuer et cors et vie sanz essoigne.
14 Car trop m'est douz cis faissiaus a porter.

III. Mere a celui qui onc ne dist mensoigne,
Mieudre que nus ne savroit deviser,
Deffendez nos de mal et de vergoigne
Et nos donnez tel cuer de vos amer
Que ne nos puist ne prendre n'atraper
Li soudoianz cui toz li mont resoigne,
Et nos menez en vostre regne cler.

**

XL. VIRGENE, PUCELE ROIAUZ
Guillaume le Vinier

I. Virgene, pucele roiauz
En cui li douz Jhesu Cris,
3 Li dous glorïeus joiaus,
Fu conceüs et norris,
Bien fu vos cuers raemplis
6 De sa grasse et de s'amor
A cel jor
Que Sains Esperis
9 I ot le fill Dieu assis.

II. Douce dame emperïaus,
Esmeree flors de lis,
12 Douz vergiers especïauz

Mort ou vif, il ne connaîtra jamais ni tourment ni
[besoin
celui qu'elle a pris sous sa garde.
Quiconque la sert en obtient
récompense plus belle qu'il ne saurait imaginer;
pour moi je veux donc sans réserve vouer
et mon corps et mon cœur et ma vie à la servir
tant il m'est doux d'accomplir cette tâche.

Mère de Celui qui jamais ne mentit,
oh! vous, l'incomparable,
protégez-nous du mal et de la honte,
accordez-nous de vous aimer d'un amour tel
que l'Ennemi, celui que le monde entier redoute,
ne puisse avoir prise sur nous
et guidez-nous dans la lumière de votre règne.

***

Vierge royale,
par qui le doux Jésus-Christ,
joyau de toute gloire,
fut conçu et nourri,
comme votre cœur fut empli
de sa grâce et de son amour,
au jour où,
par le Saint-Esprit,
le Fils de Dieu s'incarna en vous.

Douce dame souveraine,
pure fleur de lys,
verger ruisselant de douceur,

Ou li sains fruis fu cueillis,
Soverains rosiers eslis,
15 Vous aportastes la flor
Et l'odor
Par cui Paradis
18 Nos fu overs et pramis.

III. Vos estes amors loiauz
Donc li mort cuer sunt espris,
21 Li sorgons et li ruissiauz
Qui arouse le païs,
Li confors et li delis,
24 La fontainne de douçor
Ou li plor
Sunt puchié et pris,
27 Par coi pechié sunt remis.

IV. O saintuaires tres haus,
Seur toz autres conjoïs,
30 Tres douz precïeus vaissiauz
De toutes vertus guarniz,
Sains tresors ou Diex a mis
33 De virginité l'onor,
Tel valor,
Dame, avez conquis
36 Nule n'est vers vous en pris.

V. Franche dame naturaus
Qui sauvez les desconfis,
39 Vers toz pechiez et toz maus
Me soiez confors toz dis.
Et quant mes cors iert failliz,
42 Proiez vostre creator,
Cui j'aor
Qu'avec ses amis
45 Ait m'ame son lieu porquis.

où le saint fruit fut cueilli,
royal rosier entre tous élu,
vous avez porté la fleur
et la suave odeur
qui nous ont ouvert
et promis le Paradis.

Vous êtes l'amour sincère
dont s'éprennent les cœurs des pécheurs,
la source et le ruisseau
qui abreuvent le monde,
le réconfort et la joie,
la fontaine de douceur
où l'on vient
puiser les pleurs
qui rachètent les péchés.

Ah! très haut sanctuaire,
plus que tout autre vénéré,
très précieux vase de douceur,
plein de toutes grâces,
trésor béni où Dieu a enclos
la fleur de virginité,
vous avez atteint, Dame,
une telle perfection
que nulle ne peut vous égaler.

Noble dame de haut lignage,
vous qui sauvez les affligés
de tous péchés et de tous maux,
protégez-moi, ma vie durant,
et au jour de ma mort,
priez votre créateur
que j'adore
de mettre mon âme parmi les siens,
en ce lieu auquel elle aspire.

VI. Chançon, rent grez et merciz
La nomper et la mellor,
Qu'a cest tor
M'a s'aïe apris
50 De li a faire aucun dis.

***

XLI. ROSE CUI NOIS NE GELEE

I. Rose cui nois ne gelee
Ne fraint ne mue colour,
Dedenz haute mer salee
Fontenele de douçour,
5 Clere en tenebrour,
Joiouse en tristour,
En flamme rousee,

II. Flour de biauté esmeree
Et de triie coulour,
10 Chastiaus dont onc deffermee
Ne fu la porte nul jour,
Santez en langour,
Repos en labour
Et pais en meslee,

15 III. Fine esmeraude esprouvee
De graciouse vigour,
Diamanz, jaspe alosee,
Saphirs d'Ynde la majour,
Rubiz de valour,
20 Panthere d'odour
Plus qu'enbausemmee,

220

Chanson, rends grâce
à la meilleure et à l'incomparable,
à celle qui en ce jour
a su m'aider
à la célébrer.

*
* *

Rose dont ni la neige ni le gel
ne détruisent ou changent la couleur,
fontaine de douceur
au sein de la mer salée,
clarté dans les ténèbres,
joie dans la tristesse,
rosée dans les flammes.

Pure fleur de beauté
à l'exquise couleur,
château dont jamais
la porte ne fut ouverte,
santé dans la maladie,
repos dans le labeur
et paix dans la mêlée.

Fine émeraude éprouvée,
à la grâce pleine de force,
diamant, jaspe précieux,
saphir d'Inde la Grande,
rubis de haut prix,
panthère plus odorante
que toute senteur.

IV. Ne seroit assez loee
Ceste monjoie d'onnour,
Se toute humaine pensee
25 Ne servoit d'autre labour.
Tigre en mireour,
En ire et en plour
Solaz et risee,

V. Empereriz coronnee
30 De la main au Creatour,
A la crueuse jornee,
Quant li ange avront paour,
Prie au Sauveour
Que ton chanteour
35 Maint en sa contree.

***

XLII. ROTROWANGE NOVELLE
Jacques de Cambrai

I. Rotrowange novelle
Dirai et bone et belle
De la virge pucelle
Ke meire est et ancelle
5 Celui ki de sa chair belle
Nos ait raicheteit
Et ki trestous nos apelle
A sa grant clarteit.

II. Ce nos dist Isaïe
10 En une profesie,
D'une verge delgie

Jamais on ne louera à son prix
ce haut puy de valeur
même si toute la pensée, tout le labeur
des hommes étaient à son service.
Tigre pris au miroir,
douceur et sourire
parmi les pleurs et la colère,

Impératrice couronnée
de la main même du Créateur,
au jour redoutable
où même les anges auront peur,
implore le Sauveur
d'ouvrir son royaume
à celui qui te chante!

*
* *

Je dirai rotrouenge nouvelle,
bonne et belle,
en l'honneur de Marie la pucelle,
servante et mère
de Celui qui nous a rachetés
de son corps précieux
et qui toùs nous appelle
à sa pleine lumière.

Ainsi parla Isaïe
dans une prophétie :
« D'une tige élancée

De Jessé espanie
Istroit flors per signorie
De tres grant biaulteit.
15 Or est bien la profesie
Torneie a verteit.

    III. Celle verge delgie
Est la virge Marie;
La flor nos senefie,
20 De ceu ne douteis mie,
Jhesu Crist ki la haichie
En la croix souffri :
Fut por randre ceaus en vie
Ki ierent peri.

**

XLIII. ON ME REPRENT D'AMOURS
QUI ME MESTRIE

    I. On me reprent d'amours qui me maistrie,
S'est a grant tort qant aucuns me reprent,
Car ensi est que jou voel de ma vie
A bien amer metre l'entendement,
5 Et par vrai cuer canter d'ardant desir
De la sainte vierge dont pot issir
Une crape de cui vint l'abondance
Del vin qui fait l'arme serve estre france.

    II. Cele vigne est la tres vierge Marie,
10 Si fu plantee es cieus souvrainement,
Car ele fu d'ame et de cuer ficie
A Dieu amer et servir humlement,

224

qui sortait de Jessé,
naîtrait la fleur royale
de très grande beauté ».
Et cette prophétie
est devenue vérité.

Cette tige élancée,
c'est la Vierge Marie,
et la fleur signifie,
il n'en faut point douter,
Jésus qui le martyre souffrit
sur la croix où Il fut mis,
pour redonner la vie
à tous ceux qui avaient péri.

*
* *

On me reproche de me laisser dominer par
[l'amour,
mais ce reproche n'est pas du tout fondé,
car je veux désormais consacrer ma vie
et mes pensées à l'amour véritable
et d'un cœur sincère chanter avec désir fervent
la Vierge Marie. D'elle naquit la grappe
donnant en abondance,
le vin qui libère l'âme de la servitude.

La vigne, c'est la très sainte Vierge Marie,
vigne plantée aux cieux
car elle s'enracina, cœur et âme,
pour aimer Dieu et le servir en toute humilité.

Et par çou pot au fil Dieu avenir,
Et il i vint conpaignie tenir;
15 Si print en li cors humain et sustance
Sans li metre de corompre en doutance.

III. C'est li crape, de la vigne nourrie,
Ki vin livra pour saner toute gent
De l'enferté dont li ame est perie
20 Qui n'a reçut de cel vin le present.
Mais ains se vaut par meürer furnir
Que se laissast de la vigne partir
U print roisins de si tres grant vaillance
Ke d'enricir tous mendis ont poissance.

25 IV. Cil douc roisin dont la crape est saisie
Sont li menbre Jhesuscrist proprement;
Et li crape est ses cors q'a grief hatie
Fu traveilliés a l'estake en present :
Si trestous nus c'on le paut desvestir,
30 Fu tant batus k'il n'en remest d'entir
Le quarte part de sa digne car blance,
N'eüst de sanc u de plaie sanslance.

V. De la crape qui fu ensi froisie
Doit cascuns cuers avoir ramenbrement,
35 Et des roisins, faus est ki les oublie,
Car mis furent en presse estroitement
Entre le fer et le fust par ferir,
Si c'onques blés k'en molin puet qaïr
Ne fu pour maure en plus fort estraignance
40 Con li car Dieu fu pour no delivrance.

VI. El presseoir ki la crois senefie
Fist Dieu de lui offrande entirement,
Si presenta a humaine lignie

Ainsi lui fut donné d'accueillir le fils de Dieu
et Lui vint s'unir à elle.
En elle Il se fit homme, corps et substance,
sans qu'elle ait encouru la moindre souillure.

La grappe, fruit de la vigne,
donna le vin qui guérit tous les hommes
de cette maladie dont est détruite l'âme
de qui n'a pas reçu ce vin en partage.
Mais elle attendit sa pleine maturité
avant de se laisser détacher de la vigne
où mûrirent des raisins de si haut prix
qu'ils ont pouvoir d'enrichir tous les mendiants.

Les raisins dont la grappe est formée
ne sont autres que les membres du Christ;
la grappe, son corps, livré à bien cruelle épreuve
lorsqu'il fut en public tourmenté au poteau,
corps dénudé, si cruellement battu
que la blancheur de ce corps très saint
fut presque partout couverte de son sang et des traces
                                        [de ses blessures.

De la grappe qui fut ainsi foulée,
chacun doit garder le souvenir en son cœur;
il se comporte en impie, celui qui oublie
ces raisins qui furent si durement pressés
et foulés entre le fer et le bois.
Jamais blé n'est plus rudement écrasé sous la roue du
                                        [moulin
quand on le met à moudre,
que ne le fut la chair de Dieu pour notre délivrance.

Au pressoir qui signifie la Croix,
Dieu s'offrit entièrement.
Il donna au genre humain

Tel vin qui fait l'oume estre sauvement.
45 Qui il souvient de çou qu'il vaut souffrir;
Si voelle a Dieu son cuer et s'ame offrir;
Ensi boit on par foi et par creance
Cel vin dont Dius fait as vrais cuers pitance.

ce vin pour le salut de tous les hommes.
Comment, à se souvenir des souffrances qu'Il accepta,
ne pas vouloir offrir à Dieu et son cœur et son âme?
Ainsi l'on boit, dans un acte de foi,
ce vin dont Il abreuve les cœurs purs.

CHANSONS DE CROISADE

Adoptant assez souvent la structure formelle des chansons d'amour, les chansons de croisade introduisent dans la poésie des trouvères à la fois des fragments d'histoire et une veine que l'on serait tenté d'appeler personnelle, autobiographique.

Si en effet l'étrange chanson de femme / de croisade, *Chanterai por mon corage...* reste essentiellement lyrique et atemporelle, les autres chansons, par les références qu'elles contiennent comme par le nom de leurs auteurs, renvoient assez précisément à la réalité historique de telle ou telle croisade. Certaines, cependant, n'y font allusion qu'au détour d'un vers, telles les deux chansons que nous donnons ici du Châtelain de Coucy. D'autre part, ce que nous savons de Conon de Béthune, du Châtelain, de Thibaut de Champagne, de leurs croisades bien réelles, achevées dans la mort pour le Châtelain, nous donnent à lire ces chansons non comme un simple développement de lieux communs, ce qu'elles sont aussi, mais comme une méditation authentique, personnelle, sur le sens et la nécessité de la croisade. Le devoir de la chevalerie est de sauver la Jérusalem terrestre, fief de Dieu ici-bas, *semblance* de la Jérusalem céleste, et de se sauver elle-même en remplissant pour une juste cause la tâche que Dieu lui a fixée : l'exercice de la prouesse.

Les textes ont été établis pour la pièce XLIV, à partir de l'édition Bédier-Aubry, pour Conon de Béthune, à partir de l'édition Wallensköld et du ms. *M*; pour le Châtelain, nous avons repris l'édition Lerond; *Chanterai por mon corage* est établi à partir du ms. *M*; pour Thibaut de Champagne, le texte est établi à partir de l'édition Wallensköld et du ms. *K*.

XLIV. CHEVALIER, MULT ESTES GUARIZ

I. Chevalier, mult estes guariz,
Quant Deu a vus fait sa clamur
Des Turs e des Amoraviz,
Ki li unt fait tels deshenors.
5 Cher a tort unt ses fieuz saiziz;
Bien en devums aveir dolur,
Cher la fud Deu primes servi
E reconnu pur segnuur.
Ki ore irat od Loovis
10 *Ja mar d'enfern avrat pouur,*
Char s'alme en iert en pareïs
Od les angles nostre Segnor.

II. Pris est Rohais, ben le savez,
Dunt crestiens sunt esmaiez,
15 Les mustiers ars e desertiz :
Deus n'i est mais sacrifiez.
Chevalers, cher vus purpensez,
Vus ki d'armes estes preisez;
A celui voz cors presentez
20 Ki pur vus fut en cruiz drecez.
Ki ore irat od Loovis
Ja mar d'enfern avrat pouur,
Char s'alme en iert en pareïs
Od les angles nostre Segnor.

25 III Pernez essample a Lodevis,
Ki plus ad que vus nen avez :
Riches est e poesteïz,
Sur tuz altres reis curunez;
Deguerpit ad e vair e gris,
30 Chastels e viles e citez :
Il est turnez a icelui

232

Chevaliers, Dieu vous a donné bonne sauvegarde
quand il s'est plaint à vous
des Turcs et des Almoravides
qui l'ont si honteusement traité.
C'est au mépris du droit qu'ils ont saisi ses fiefs :
grande doit en être notre douleur
car ces lieux furent les premiers
où il fut servi et reconnu pour seigneur.
Qui partira maintenant avec Louis,
n'aura jamais à redouter l'enfer.
Son âme, à sa mort, ira en Paradis,
avec les anges de Notre Seigneur.

Edesse est prise, comme vous le savez,
les chrétiens en sont dans l'affliction,
les églises sont brûlées et dévastées,
le divin sacrifice n'y est plus célébré.
Chevaliers, prenez-en acte,
vous que l'on estime pour votre prouesse :
sachez faire don de votre personne
à Celui qui pour vous a été mis en croix.
Qui partira maintenant avec Louis
n'aura jamais à redouter l'enfer.
Son âme, à sa mort, ira en Paradis,
avec les anges de Notre Seigneur.

Suivez l'exemple de Louis :
il a des biens plus que vous,
richesses et pouvoir,
plus que tout autre roi;
Mais il a su laisser
fourrures et autres emblèmes,
châteaux, bourgs et cités;
il est venu à Celui

233

Ki pur nos fut en croiz penez.
Ki ore irat od Loovis
Ja mar d'enfern avrat pouur,
35 *Char s'alme en iert en pareïs*
Od les angles nostre Segnor.

IV. Deus livrat sun cors a Judeus
Pur metre nus fors de prisun;
Plaies li firent en cinc lieus,
40 Que mort suffrit e passiun.
Or vus mande que Chaneleus
E la gent Sanguin le felun
Mult li unt fait des vilains jeus :
Or lur rendez lur guerredun!
45 *Ki ore irat od Loovis*
Ja mar d'enfern avrat pouur,
Char s'alme en iert en pareïs
Od les angles nostre Segnor.

V. Deus ad un turnei enpris
50 Entre Enfern e Pareïs,
Si mande trestuz ses amis
Ki lui volent guarantir
Qu'il ne li seient failliz
. . . .
55 . . . .
. . . .
Ki ore irat od Loovis
Ja mar d'enfern avrat pouur,
Char s'alme en iert en pareïs
Od les angles nostre Segnor.

VI. Char le fiz Deu al Creatur
Ad Rohais estre ad un jorn mis;
La serunt salf li peccëur
. . . .

qui pour nous fut crucifié.
>*Qui partira maintenant avec Louis*
>*n'aura jamais à redouter l'enfer.*
>*Son âme, à sa mort, ira en Paradis,*
>*avec les anges de Notre Seigneur.*

Dieu se livra aux Juifs
pour nous libérer de la prison d'enfer.
Ils lui firent cinq plaies
et il souffrit la mort et la passion.
Maintenant Il fait appel à vous car les Cananéens
et les troupes du cruel Sanguin
lui ont joué un tour indigne.
Il est temps de leur donner leur récompense!
>*Qui partira maintenant avec Louis*
>*n'aura jamais à redouter l'enfer.*
>*Son âme, à sa mort, ira en Paradis,*
>*avec les anges de Notre Seigneur.*

Dieu a organisé un tournoi
entre Enfer et Paradis.
Il demande à tous ceux qui l'aiment
et qui veulent défendre sa cause
de ne pas lui faire défaut
....
....
....
>*Qui partira maintenant avec Louis*
>*n'aura jamais à redouter l'enfer.*
>*Son âme, à sa mort, ira en Paradis,*
>*avec les anges de Notre Seigneur.*

Le Fils de Dieu le Créateur
a fixé le jour où être à Edesse.
Là seront sauvés les pécheurs,
....

65 Ki bien ferrunt e pur s'amur
Irunt en cel besoin servir

. . . .

Pur la vengeance Deu furnir.
Ki ore irat od Loovis
70 *Ja mar d'enfern avrat pouur,*
Char s'alme en iert en pareïs
Od les angles nostre Segnor.

VII. Alun conquere Moïsés,
Ki gist el munt de Sinaï;
75 A Saragins nel laisum mais,
Ne la verge dunt il partid
La Roge mer tut ad un fais,
Quant le grant pople le seguit;
E Pharaon revint après :
80 Il e li suon furent perit.
Ki ore irat od Loovis
Ja mar d'enfern avrat pouur,
Char s'alme en iert en pareïs
Od les angles nostre Segnor.

***

XVL. A VOUS, AMANT, PLUS K'A NULLE
AUTRE GENT
(Le châtelain de Coucy)

I. A vous, amant, plus k'a nulle autre gent,
Est bien raisons que ma doleur conplaigne,
Quar il m'estuet partir outreement
4 Et dessevrer de ma loial conpaigne;

236

ceux qui sauront bien se battre
et qui iront, pour l'amour de Lui,
l'aider en ce besoin.

. . . .

Et mener à bien la vengeance de Dieu.
> *Qui partira maintenant avec Louis.*
> *n'aura jamais à redouter l'enfer.*
> *Son âme, à sa mort, ira en Paradis,*
> *avec les anges de Notre Seigneur.*

Allons conquérir Moïse
en son tombeau du Sinaï;
arrachons-le aux mains des Sarrasins
ainsi que la verge dont, d'un seul coup,
il sépara la mer Rouge
lorsque tout son peuple le suivit.
Le Pharaon était à sa poursuite :
lui et les siens furent anéantis.
> *Qui partira maintenant avec Louis*
> *n'aura jamais à redouter l'enfer.*
> *Son âme, à sa mort, ira en Paradis,*
> *avec les anges de Notre Seigneur.*

*
* *

Oh! vous les amants, qui seuls pouvez la comprendre,
je vous prends pour témoin de la douleur
que j'éprouve à partir au loin
et à m'arracher aux bras de ma fidèle amie;

Et quant l'i pert, n'est rienz qui me remaigne;
Et sachiez bien, Amours, seürement,
S'ainc nuls morut pour avoir cuer dolent,
8 Donc n'iert par moi maiz meüs vers ne laiz.

II. Biauz sire Diex, qu'iert il dont, et comment?
Convendra m'il qu'en la fin congié praigne?
Oïl, par Dieu, ne puet estre autrement :
12 Sanz li m'estuet aler en terre estraigne;
Or ne cuit maiz que granz mauz me soufraigne
Quant de li n'ai confort n'alegement,
Ne de nule autre amour joie n'atent,
16 Fors que de li — ne sai se c'iert jamaiz.

III. Biauz sire Diex, qu'iert il du consirrer
Du grant soulaz et de la conpaignie
Et des douz moz dont seut a moi parler
20 Cele qui m'ert dame, conpaigne, amie?
Et quand recort sa douce conpaignie
Et les soulaz qu'el me soloit moustrer,
Conment me puet li cuers u cors durer
24 Qu'il ne s'en part? Certes il est mauvaiz.

IV. Ne me vout pas Diex pour neiant doner
Touz les soulaz qu'ai eüs en ma vie,
Ainz les me fet chierement conparer;
28 S'ai grant poour cist loiers ne m'ocie.
Merci, Amours! S'ainc Diex fist vilenie,
Con vilainz fait bone amour dessevrer :
Ne je ne puiz l'amour de moi oster,
32 Et si m'estuet que je ma dame lais.

V. Or seront lié li faus losengeour,
Qui tant pesoit des biens qu'avoir soloie;

Quand je l'aurai perdue, que me restera-t-il?
Oui, Amour, je peux bien vous le dire,
si l'on peut vraiment mourir de douleur,
je ne composerai plus ni chants ni lais.

Doux seigneur Dieu, qu'adviendra-t-il de moi?
Me faudra-t-il vraiment lui dire adieu?
Oui, hélas! il ne peut en être autrement :
je dois partir sans elle en terre lointaine.
La souffrance qui m'attend me sera pourtant légère,
à moi qui souffre ici sans aucun réconfort
et qui n'espère de joie qu'en son amour.
Mais cette joie, l'aurai-je seulement un jour?

Doux seigneur Dieu, comment vivrons-nous notre
                                    [séparation?
Que deviendront nos joies, nos entretiens,
et les douces paroles que me répétait
celle qui m'était dame, compagne et amie?
Quand il me souvient de sa présence pleine de
et des bonnes grâces qu'elle me faisait,   [douceur
comment mon cœur peut-il endurer encore
de ne pas me quitter? Certes, il est bien mauvais!

Dieu n'a pas voulu m'accorder sans contrepartie
tous les plaisirs que j'ai eus dans ma vie.
Il me les fait chèrement payer
et j'ai grand peur de mourir sous le poids de ma dette.
Pitié, Amour! Si jamais Dieu a commis quelque
                                    [bassesse,
c'est ici, en brisant un amour si parfait :
je ne peux l'arracher de moi,
alors même qu'il me faut renoncer à ma dame.

Ils vont pouvoir se réjouir, ces vils calomniateurs
qui supportaient si mal les faveurs que j'obtenais.

Maiz ja de ce n'iere pelerins jour
36 Que ja vers iauz bone volonté aie;
Pour tant porrai perdre toute ma voie,
Quar tant m'ont fait de mal li trahitour,
Se Diex voloit qu'il eüssent m'amour,
40 Ne me porroit chargier pluz pesant faiz.

VI. Je m'en voiz, dame! A Dieu le Creatour
Conmant vo cors, en quel lieu que je soie,
Ne sai se ja verroiz maiz mon retour :
44 Aventure est que jamaiz vous revoie.
Pour Dieu vos pri, en quel lieu que je soie.
Que nos convens tenez, vieigne u demour,
Et je pri Dieu qu'ensi me doint honour
48 Con je vous ai esté amis verais.

***

XLVI. LI NOUVIAUZ TANZ ET MAIS
ET VIOLETE
Le châtelain de Coucy

I. Li nouviauz tanz et mais et violete
Et lousseignolz me semont de chanter,
Et mes fins cuers me fait d'une amourete
4 Si douz present que ne l'os refuser.
Or me lait Diex en tele honeur monter
Que cele u j'ai mon cuer et mon penser
Tieigne une foiz entre mes braz nuete
8 Ançoiz qu'aille outremer!

Jamais je n'aurai à leur égard cœur de pèlerin :
jamais je ne leur voudrai de bien.
Peut-être y perdrai-je le fruit de mon pèlerinage :
ces traîtres m'ont fait tant de mal,
si Dieu voulait que je les aime,
Il ne pourrait m'imposer plus pesant faix.

Hélas! ma dame, je m'en vais. Où que j'aille,
je vous recommande à Dieu, notre créateur.
Je ne sais si jamais vous verrez mon retour,
est-il seulement possible qu'un jour je vous revoie?
Mais je vous en prie, où que j'aille,
que je revienne, que je demeure, soyez fidèle à nos
                                          [serments.
« Puisse Dieu me faire cette grâce » : telle est la prière
de celui qui vous a toujours aimée d'un cœur
                                          [sincère.

.

Printemps, mois de mai, violettes
et rossignol me pressent de chanter,
et mon cœur me fait présent
d'un amour si tendre que je n'ose le refuser.
Ah! que Dieu m'accorde ce bonheur suprême
de serrer une fois, nue entre mes bras,
celle en qui j'ai mis mon cœur et mes pensées
    et puis je m'en irai outre la mer.

II. Au conmencier la trouvai si doucete,
Ja ne quidai pour li mal endurer,
Mes ses douz vis et sa bele bouchete
12 Et si vair oeill, bel et riant et cler,
M'orent ainz pris que m'osaisse doner;
Se ne me veut retenir ou cuiter,
Mieuz aim a li faillir, si me pramete,
16 Qu'a une autre achiever.

III. Las! pour coi l'ai de mes ieuz reguardee,
La douce rienz qui fausse amie a non,
Quant de moi rit et je l'ai tant amee?
20 Si doucement ne fu trahis nus hom.
Tant con fui mienz, ne me fist se bien non,
Mes or sui suenz, si m'ocit sanz raison;
Et c'est pour ce que de cuer l'ai amee!
24 N'i set autre ochoison.

IV. De mil souspirs que je li doi par dete,
Ne m'en veut pas un seul cuite clamer;
Ne fausse amours ne lait que s'entremete,
28 Ne ne me lait dormir ne reposer.
S'ele m'ocit, mainz avra a guarder;
Je ne m'en sai vengier fors au plourer;
Quar qui Amours destruit et desirete,
32 Ne l'en doit on blasmer.

V. Sour toute joie est cele courounee
Que j'aim d'amours. Diex, faudrai i je dont?
Nenil, par Dieu : teus est ma destinee,
36 Et tel destin m'ont doné li felon;
Si sevent bien qu'il font grant mesprison,
Quar qui ce tolt dont ne puet faire don,

Au début, elle me parut si douce
que je ne pensais pas qu'elle me ferait souffrir.
Mais son doux visage, ses lèvres si belles,
ses beaux yeux pers, pleins de rire et de clarté,
avant même que je n'ose me lier, m'avaient rendu captif.
Si elle ne veut ni me retenir ni me rendre ma liberté,
même si j'échoue, même si elle ne m'accorde que des
[promesses,
je préférerai cela à la possession d'une autre.

Hélas! pourquoi mes yeux l'ont-ils contemplée,
cette femme si douce qui mérite bien le nom de fausse
[amie,
elle qui se rit de moi quand je l'ai tant aimée?
Personne ne fut jamais trahi avec tant de douceur!
Quand je m'appartenais, elle ne m'apportait que du
[bonheur,
maintenant je suis à elle et elle me tue sans raison.
Sans doute l'ai-je aimée d'un amour trop sincère,
je n'y vois pas d'autre motif.

Mille soupirs qu'elle m'a arrachés,
et elle ne me fait grâce d'un seul!
Elle m'interdit tout amour insincère
et elle me laisse sans sommeil ni repos.
Si elle me tue, elle en sera plus libre :
mes pleurs seront ma seule vengeance.
La mort de l'amour et sa déshérance,
à qui en faire reproche?

La joie d'amour couronne toutes les autres.
Dieu! pourrai-je seulement y atteindre?
Non, telle est ma destinée,
telle est l'œuvre des ennemis de l'amour.
Ils savent bien pourtant que cela ne leur sert à rien :
qui s'empare de ce qu'il ne peut donner

Il en conquiert anemis et mellee,
40   N'i fait se perdre non.

VI. Si coiement est ma doleurs celee
Qu'a mon samblant ne la recounoist on;
Se ne fussent la gent maleüree,
44 N'eüsse pas soupiré en pardon :
Amours m'eüst doné son guerredon.
Maiz en cel point que dui avoir mon don,
Lor fu l'amour descouverte et moustree;
48   Ja n'aient il pardon!

***

XLVII. AHI! AMOURS, COM DURE DEPARTIE
Conon de Béthune

I. Ahi! Amours, con dure departie
Me convendra faire de la meillour
Qui onques fust amee ne servie!
4 Deus me ramaint a li par sa douçour
Si voirement que m'en part a dolour!
Las! qu'ai je dit? Ja ne m'en part je mie!
Se li cors vait servir Nostre Seignour,
8 Li cuers remaint du tout en sa baillie.

II. Pour li m'en vois souspirant en Surie,
Quar nus ne doit faillir son Creatour.
Qui li faudra a cest besoig d'aïe
12 Sachiez que il li faudra a greignour;

attire sur lui la haine et déchaîne la guerre
   sans y rien gagner.

   Ma douleur est restée si secrète
que rien en moi ne la révèle,
et sans l'intervention de ces langues maudites,
je n'aurais pas soupiré en vain,
Amour m'aurait donné sa récompense.
Mais au moment où j'allais la goûter,
tout fut découvert et dévoilé.
   Que jamais le pardon ne leur soit accordé!

   Hélas! Amour, comme il me sera dur
de la quitter, la dame la meilleure
qui fût jamais servie et aimée!
Que Dieu, dans sa bonté, m'accorde de la revoir
tant il est vrai que j'ai, à la quitter, une immense
                                                [douleur!
Pauvre de moi! Qu'ai-je dit? Je ne la quitte pas
                                                [vraiment!
Si le corps s'en va, pour servir le Seigneur,
le cœur demeure, tout en son pouvoir.

   A cause d'elle je pars en soupirant pour la Syrie,
mais nul ne doit se dérober à son Créateur.
Celui qui, en ce besoin, lui fera défaut,
Lui l'abandonnera, soyez-en sûrs, en plus rude péril.

Et saichent bien li grant et li menour
Que la doit on faire chevalerie,
Qu'on i conquiert paradis et honor,
16 Et pris et los et l'amour de s'amie.

III. Dieus est assis en son saint hiretage;
Or i parra se cil le secourront
Cui il jeta de la prison ombrage,
20 Quant il fu mors en la crois que Turc ont.
Sachiez cil sont trop honi qui n'iront,
S'il n'ont poverte u vieillece ou malage;
Et cil qui sain et joene et riche sunt
24 Ne puent pas demorer sans hontage.

IV. Tous li clergiez et li home d'aage
Qui en ausmone et en bienfaiz manront,
Partiront tot a cest pelerinage,
28 Et les dames qui chastement vivront,
Se loiauté font a ceus qui i vont;
Et s'eles font, par mal conseill, folage,
As lasches genz et mauvais le feront,
32 Quar tuit li bon iront en cest voiage.

V. Qui ci ne veut avoir vie anuieuse,
Si voist pour Dieu morir liez et joieus,
Que cele mors est douce et savereuse
36 Dont on conquiert le regne precïeus,
Ne ja de mort nen i morra uns seus,
Ainz naisteront en vie glorïeuse.
Qui revendra, mout sera eüreus :
40 A touz jours maiz en iert Honors s'espeuse.

Qu'ils comprennent bien tous, les grands comme les
[humbles,
que c'est là que l'on doit faire preuve de prouesse,
là que l'on conquiert Paradis et honneur,
gloire et renommée, et l'amour de son amie.

Dieu est assiégé en sa très sainte terre.
Nous verrons comment ils iront le secourir
ceux qu'Il arracha à la prison ténébreuse
quand Il fut mis sur cette croix, tombée maintenant aux
[mains des Turcs.
Ils se couvrent de déshonneur, sachez-le, ceux qui ne
[partent pas,
sauf si vieillesse, indigence ou maladie les en empêchent.
Et ceux qui ont santé, jeunesse et richesse
ne peuvent, sans honte, demeurer.

Les clercs comme les hommes d'âge
qui ne cesseront pas de faire aumônes et bienfaits
auront part ainsi à ce pèlerinage
et les dames qui pratiqueront la chasteté,
si elles savent rester fidèles aux absents.
Mais si, mal conseillées, elles se dévergondent,
ce sera avec des lâches pleins de perversité
car tous les bons participeront, eux, à cette expédition.

Qui ne veut ici-bas vivre dans l'affliction,
qu'il aille mourir pour Dieu dans la joie et l'allégresse,
car la mort est délicieuse et douce,
par laquelle on acquiert le très précieux royaume.
Au reste, personne ne mourra,
mais tous naîtront à la vie pleine de gloire
et celui qui reviendra, il sera bienheureux
car pour toujours il aura conclu alliance avec
[l'honneur.

247

VI. Dieus! tant avom esté preu par huiseuse!
Or i parra qui a certes iert preus.
S'irom vengier la honte dolereuse
44 Dont chascuns doit estre iriez et honteus
Car a no tanz est perdus li sains lieus
U Dieu soufri pour nous mort angoiseuse.
S'or i laissom nos anemis morteus,
48 A touz jours mais iert no vie honteuse.

***

XLVIII. CHANTERAI POR MON CORAGE
Guiot de Dijon

I. Chanterai por mon corage
Que je veuill reconforter,
Car avec mon grant damage
4 Ne vueill morir n'afoler,
Quant de la terre sauvage
Ne voi nului retorner,
Ou cil est qui m'assoage
8 Le cuer quant j'en oi parler.
Dex, quant crieront « Outree »,
Sire, aidiez au pelerin
Por qui sui espoentee,
12 *Car felon sunt Sarrazin.*

II. Je souferrai mon damage
tant que l'an verrai passer.
Il est en pelerinage
16 Dont Dex le lait retorner!

Dieu! Nous avons si longtemps employé vainement
[notre prouesse!
En cette situation, nous verrons qui saura se montrer
[courageux.
Nous irons réparer cet acte déshonorant
qui devrait nous remplir de honte et de colère :
avoir laissé perdre, en notre temps, les Lieux Saints
où Dieu souffrit pour nous l'angoisse de la mort.
Si maintenant nous y tolérons nos ennemis mortels,
notre vie, à tout jamais, sera ignominieuse.

***

Je vais chanter pour consoler mon âme
car j'ai besoin de réconfort,
en cette grande épreuve,
pour éviter la mort ou la folie,
moi qui vois bien que nul ne revient
de cette contrée sauvage
où est mon ami. Entendre parler de lui
apaise mon cœur.
Mon Dieu, lorsque les pèlerins crieront : « en avant »,
secourez celui
pour lequel mon cœur tremble :
ils sont si cruels, les Sarrasins.

Je supporterai mon malheur
jusqu'à ce que l'an soit écoulé.
Il est en pèlerinage,
que Dieu lui accorde d'en revenir!

Et maugré tot mon lignage
Ne quier ochoison trover
D'autre face mariage.
20 Folz est qui j'en oi parler.
    Dex, quant crieront « Outree »,
    Sire, aidiez au pelerin
    Por qui sui espoentee,
24 *Car felon sunt Sarrazin.*

    III. De ce sui au cuer dolente
Que cil n'est en cest païs
Qui si sovent me tormente;
28 Je n'en ai ne gieu ne ris.
Il est biaus et je sui gente.
Sire Dex, por quel feïs?
Quant l'uns a l'autre atalente,
32 Por coi nos as departis?
    Dex, quant crieront « Outree »,
    Sire, aidiez au pelerin
    Por qui sui espoentee,
36 *Car felon sunt Sarrazin.*

    IV. De ce sui en bone atente
Que je son homage pris.
Et quant la douce ore vente
40 Qui vient de cel douz païs
Ou cil est qui m'atalente,
Volontiers i tor mon vis :
Adont m'est vis que jel sente
44 Par desoz mon mantel gris.
    Dex, quant crieront « Outree »,
    Sire, aidiez au pelerin
    Por qui sui espoentee,
48 *Car felon sunt Sarrazin.*

Même s'il me faut m'opposer à tous les miens,
jamais je ne pourrai accepter
aucun autre époux.
Il est bien fou qui m'en ose parler!
Mon Dieu, lorsque les pèlerins crieront : « en avant »,
secourez celui
pour lequel mon cœur tremble :
ils sont si cruels, les Sarrasins.

Pourquoi suis-je si dolente?
C'est qu'il est loin de ce pays,
celui qui cause mon tourment.
Plus de plaisirs, plus de rires.
Il est beau et je suis belle,
mais, mon Dieu, à quoi bon?
Et si l'un l'autre nous nous désirons,
pourquoi nous avoir séparés?
Mon Dieu, lorsque les pèlerins crieront : « en avant »,
secourez celui
pour lequel mon cœur tremble :
ils sont si cruels, les Sarrasins.

Mais je reste confiante
puisque j'ai reçu sa foi.
Et quand souffle sur la contrée
comme une haleine suave
qui vient du très doux pays
où est parti mon bien-aimé,
Dieu, c'est comme si je le sentais,
là, sous mon manteau gris.
Mon Dieu, lorsque les pèlerins crieront : « en avant »,
secourez celui
pour lequel mon cœur tremble :
ils sont si cruels, les Sarrasins.

V. De ce sui mout deçeüe
Que ne fui au convoier;
Sa chemise qu'ot vestue
52 M'envoia por embracier :
La nuit quant s'amor m'argüe,
La met delez moi couchier
Toute nuit a ma char nue
56 Por mes malz assoagier.
Dex, quant crieront « Outree »,
Sire, aidiez au pelerin
Por qui sui espoentee,
60 *Car felon sunt Sarrazin.*

***

XLIX. SEIGNEURS, SACHIEZ QUI OR NE S'EN IRA
Thibaut de Champagne

I. Seigneurs, sachiez qui or ne s'en ira
En cele terre ou Deus fu mors et vis,
Et qui la croiz d'outremer ne prendra,
4 A paines mes ira en Paradis.
Qui en soi a pitié ne remenbrance,
Au haut Seigneur doit querre sa venjance
7 Et delivrer sa terre et son païs.

II. Tuit li mauvés demorront par deça,
Qui n'aiment Dieu, bien ne honor ne pris;
Et chascuns dit : « Ma feme, que fera?
11 Je ne leroie a nul fuer mes amis. »
Cil sont cheet en trop fole atendance,

Ah! comme je regrette de n'avoir pu
l'accompagner un peu tandis qu'il s'en allait!
La tunique qu'il a alors portée,
il me l'a envoyée pour que je la serre contre moi.
La nuit, quand l'amour me brûle,
je la mets près de moi quand je me couche,
toute proche de ma chair nue,
pour apaiser mon mal.

Mon Dieu, lorsque les pèlerins crieront : « en
secourez celui   [avant »,
pour lequel mon cœur tremble :
ils sont si cruels, les Sarrasins.

**

Seigneurs, sachez-le, celui qui n'est pas maintenant
[décidé
à partir vers cette terre où le fils de Dieu connut la vie et
[la mort,
et qui ne prendra pas la croix pour aller outre mer,
celui-là aura bien du mal à entrer au Paradis.
Et qui se souvient de Dieu et compatit à ses souffrances,
se doit de vouloir venger la mort de Notre Seigneur
et de délivrer sa terre et son royaume.

Tous les mauvais resteront de ce côté,
ceux qui n'aiment ni Dieu ni l'honneur ni la gloire.
Chacun dit : « Que deviendra ma femme?
Je ne pourrais à aucun prix abandonner mes amis. »
Les voilà tombés en de bien folles considérations,

253

Q'il n'est amis fors que Cil sanz dotance,
14 Qui fu pour nos en la vraie croiz mis.

III. Or s'en iront cil vaillant chevalier
Qui aiment Dieu et l'eneur de cest mont,
Qui sagement vuelent a Dieu aler,
18 Et li morveus, li cendreus demorront;
Avugle sont, de ce ne dout je mie.
Qui un secors ne fet Dieu en sa vie,
21 Et por si pou pert la gloire du mont.

IV. Deus se lessa por nos en croiz pener,
Et nos dira au jor ou tuit vendront :
« Vous qui ma croiz m'aidastes a porter,
25 Vos en iroiz ou tuit mi angre sont,
La me verroiz et ma mere Marie;
Et vos par qui je n'oi onques aïe,
28 Descendroiz tuit en enfer le parfont. »

V. Chascuns cuide demourer tout hetiez
Et que jamés ne doie mal avoir;
Ensi les tient Anemis et pechiez,
32 Que il n'ont sens, hardement ne povoir.
Biau sire Deus, ostez leur tel pensee
Et nos metez en la vostre contree
35 Si saintement que vos puissons veoir!

VI. Douce Dame, roïne coronee,
Priez pour nos, Virge boneüree!
38 Et puis aprés, ne nos puet mescheoir.

car il n'est d'autre ami, en vérité, que Celui
qui pour nous accepta d'être cloué sur la vraie croix.

Voici que vont partir les vaillants chevaliers,
ceux qui aiment Dieu et l'honneur en ce monde,
ceux qui, dans leur sagesse, veulent aller à Lui,
et les minables, les répugnants couards resteront ici.
Ils se conduisent comme des aveugles, assurément :
comment ne pas secourir Dieu une fois dans sa vie,
par ce petit geste, perdre la gloire du monde!

Dieu se laissa pour nous torturer sur la croix.
Il nous dira, au jour où tous comparaîtront :
« Vous qui m'avez aidé à porter ma croix,
vous irez là où sont assemblés tous mes anges;
là vous me verrez, ainsi que ma mère Marie.
Et vous, vous qui jamais ne m'avez secouru,
vous descendrez tous dans les profondeurs de l'enfer.

Chacun s'imagine qu'il peut toujours vivre dans le
[bonheur
sans jamais éprouver le moindre mal.
Le diable et le péché les dominent à ce point
qu'ils n'ont plus ni discernement ni audace ni puissance.
Doux Seigneur Dieu, détournez-les de cet état d'esprit,
et nous, faites que nous soyons dignes
d'entrer dans votre royaume et de vous contempler.

Douce Dame, reine couronnée,
priez pour nous, Vierge bienheureuse!
De tous maux nous serons ainsi préservés.

III

« EN UN VERGIER,
LEZ UNE FONTENELE »

REVERDIES

Attesté dans la langue médiévale pour signifier le renouveau de la nature et l'allégresse qu'il suscite et utilisé par les trouvères eux-mêmes pour qualifier certaines de leurs compositions (voir notre pièce **XXXV**, v. 32), le terme de reverdie a été repris par la critique pour désigner des pièces d'inspiration assez différente mais qui se situent toutes dans un cadre printanier. Seules huit reverdies nous sont restées : l'une d'elles est signée de Guillaume le Vinier, deux de Colin Muset, les cinq autres sont anonymes.

Dans les deux premières pièces que nous proposons, l'allégorie se plie à l'imaginaire en donnant déjà au verbe poétique, et de façon tout à fait exceptionnelle au XIIIe siècle, le pouvoir d'ouvrir les portes d'ivoire, les portes du rêve, en opérant une transfiguration du réel par le langage. Aux frontières de la représentation, visible et invisible mais combien présent, le Dieu d'Amour d'*En Avril au tens pascour* passe silencieux, avec son heaume de fleurs, son écu de baisers, et son épée de courtoisie.

Dans *Volez vous que je vous chant*, celle qui n'est pas nommée, cette sirène du monde végétal si l'on peut dire, fille d'une sirène et du rossignol, mi-princesse mi-fleur, n'est-elle pas, sur le chemin du réel et sous les yeux des chevaliers, la figure même de la poésie? La coloration occitane de certains mots, la ligne mélodique au dessin ravissant accentuent encore le mystère d'une des plus belles pages de la lyrique française.

Le texte de la pièce L est celui de l'édition M. Tyssens. La pièce LI est citée d'après le ms. *K* et l'anthologie de P. Bec, la pièce LII d'après le recueil de Spanke, et la pièce LIII d'après l'édition de J. Bédier.

L. EN AVRIL AU TENS PASCOUR

I. En avril au tens pascour,
Que seur l'erbe nest la flor,
L'aloete au point du jour
4 Chante par mult grant baudor.
Pour la douçor du tens nouvel
Si me levai par un matin,
S'oï chanter sor l'arbroisel
8 Un oiselet en son latin.
Un petit me sozlevai
Pour esgarder sa faiture.
Ne soi mot que des oisiax
12 Vi venir a desmesure.
Je vis l'orior
Et le rosignor,
Si vi le pinçon
16 Et l'esmerillon
Dex! – Et tant des autres oisiax
Dont je ne sai pas le non,
Qui sor cel arbre s'assistrent
20 Et commencent lor chançon.

II. Tuit chanterent a un tor :
N'i ot autre jougleor.
Je m'en alai soz la flor
24 Por oïr joie d'amor.
Tout belement par un prael,
Li dex d'amors vi chevauchier.
Je m'en alai a son apel.
28 De moi a' fet son escuier.
Ses chevaux fu de deport,
Sa sele de signorie,
Ses frains fu de son dangier,
32 Ses estriers de fil de sie.

Au temps de Pâques, en avril,
quand les fleurs naissent dans l'herbe,
l'alouette au point du jour
chante son allégresse.
Dans la douceur nouvelle du temps,
je me levai un beau matin,
j'entendis chanter sous l'arbrisseau,
un oiselet en son latin.
Je me hissai un peu
pour voir comment il était fait.
Impossible de dire
combien d'oiseaux je vis alors venir :
je vis le loriot
et le rossignol
et le pinson
et le jeune faucon
et tant d'autres oiseaux
dont j'ignore les noms
qui se posèrent sur cet arbre
et commencèrent leur chanson.

Ils chantèrent tous à tour de rôle :
point n'était besoin d'autres musiciens.
Je m'en allai sous les branches fleuries
pour écouter leurs chants, pleins de la joie d'amour.
Je vis venir, par la prairie,
le dieu Amour qui chevauchait avec grâce.
Je m'en vins à son appel,
il fit de moi son écuyer.
Son cheval était de plaisir,
sa selle était de domination,
son frein de plein pouvoir,
ses étriers de fil de soie.

Ses hauberz estoit
D'acoler estroit,
Ses hiaumes de flors
30 De pluseurs colors.
Dex! – Lance avoit de cortoisie,
Espee de fuel de glai,
S'ot chaces de mignotie,
40 Esperons de bec de jai.

**

LI. VOLEZ VOUS QUE JE VOUS CHANT

I. Volez vous que je vous chant
un son d'amors avenant?
Vilain nel fist mie,
4 ainz le fist un chevalier
souz l'onbre d'un olivier
entre les braz s'amie.

II. Chemisete avoit de lin
8 et blanc peliçon hermin
et bliaut de soie;
chauces ot de jaglolai
et sollers de flors de mai,
12 estroitement chauçade.

III. Çainturete avoit de fueille
qui verdist quant li tens mueille,
d'or ert boutonade;
16 l'aumosniere estoit d'amor,
li pendant furent de flor;
par amors fu donade.

Son haubert était
d'embrassement étroit,
son heaume de fleurs
de diverses couleurs.
Dieu! sa lance était de courtoisie,
son épée, de tige de glaïeul,
ses chausses, de galanterie,
ses éperons, de bec de geai.

Voulez-vous que je vous chante
une jolie chanson d'amour?
Ce n'est pas un vilain
mais un chevalier
qui la fit, à l'ombre d'un olivier,
entre les bras de son amie.

Elle portait une petite chemise de lin,
une courte pelisse d'hermine
et une tunique de soie.
Ses bottes étaient de glaïeuls,
ses souliers de fleurs de mai
étaient étroitement lacés.

Sa ceinture était de feuillage
qui verdit sous la pluie
avec un fermoir d'or.
L'aumônière était d'amour,
les cordons de fleurs.
C'était un don de l'amour.

IV. Si chevauchoit une mule;
20 d'argent ert la ferreüre,
la sele ert dorade;
seur la crope par derrier
avoit planté trois rosiers
24 pour fere li honbrage.

V. Si s'en vet aval la pree :
chevaliers l'ont encontree,
biau l'ont saluade.
28 « Bele, dont estes vous nee?
— de France sui la loee,
du plus haut parage.

VI. Li rosignous est mon pere
32 qui chante seur la ramee
el plus haut boscage.
La seraine, ele est ma mere,
qui chante en la mer salee
36 el plus haut rivage.

VII. Bele, bon fussiez vous nee :
bien estes enparentee,
et de haut parage.
40 Pleüst a Dieu notre pere
que vous me fussiez donee
a fame espousade! »

*_**

LII. EN MAI AU DOUZ TENS NOUVEL

I. En mai au douz tens nouvel
Que raverdissent prael,
Oï soz un arbroisel

Elle chevauchait une mule
harnachée d'argent
avec une selle d'or.
Sur la croupe, par-derrière,
elle avait mis trois rosiers
pour lui donner de l'ombre.

Elle traverse la prairie,
Chevaliers l'ont rencontrée
qui lui ont fait un beau salut.
« Belle, où êtes-vous née?
– En France la renommée,
de très haute naissance.

Le rossignol est mon père,
qui chante parmi la ramée
sur la plus haute branche.
Ma mère, c'est la sirène
qui chante en la mer salée,
au plus haut rivage.

– Belle, quelle heureuse naissance!
Vous êtes de noble famille,
issue d'un haut lignage.
Plût à Dieu notre Père
que vous m'ayez été donnée
pour épouse! »

***

En mai, au moment où le temps redevient doux,
où les prés reverdissent,
au pied d'un arbre j'ai entendu

Chanter le rosignolet.
5   *Saderaladon,*
    Tant fet bon
Dormir lez le buissonet.

II. Si com g'estoie pensis,
Lez le buissonet m'assis,
10 Un petit m'i endormi
Au douz chant de l'oiselet.
    Saderaladon,
    Tant fet bon
Dormir lez le buissonet.

15   III. Au resveillier que je fis,
  - A l'oisel criai merci,
Qu'il me doint joie de li :
S'en serai plus jolivet.
    Saderaladon,
    Tant fet bon
20 *Dormir lez le buissonet.*

IV. Et quant je fui sus levez,
Ci commenz a citoler
Et fis l'oiselet chanter
25 Devant moi el praelet :
    Saderaladon
    Tant fet bon
Dormir lez le buissonet.

V. Li rosignolez disoit
30 Par un pou qu'il n'enrajoit
Du grant duel que il avoit,
Que vilains l'avoit oï.
    Saderaladon
    Tant fet bon
35 *Dormir lez le buissonet.*

chanter le rossignol.
Saderaladon,
qu'il fait bon
dormir près du buisson.

Perdu dans mes pensées,
je me suis assis près du buisson
et m'y suis assoupi
tandis que le bel oiseau chantait doucement :
Saderaladon,
qu'il fait bon
dormir près du buisson.

Quand je me suis éveillé,
j'ai imploré le bel oiseau
de me faire partager sa joie :
ainsi aurai-je plus de gaieté.
Saderaladon,
qu'il fait bon
dormir près du buisson.

Puis je me suis levé
et me suis mis à jouer de la citole,
faisant chanter le bel oiseau
devant moi dans le pré.
Saderaladon
qu'il fait bon
dormir près du buisson.

Le rossignol disait
qu'il était fou de rage
tant il était inconsolable
qu'un rustaud l'ait entendu.
Saderaladon,
qu'il fait bon
dormir près du buisson.

LIII. VOLEZ OÏR LA MUSE MUSET?
Colin Muset

I. Volez oïr la muse Muset?
En mai fu fete, un matinet,
En un vergier flori, verdet,
4   Au point du jour
Ou chantoient cil oiselet
     Par grant baudor,
Et j'alai fere un chapelet
8   En la verdor.
Je le fis bel et cointe et net
     Et plain de flor.
     Une dancele
12 Avenant et mult bele,
     Gente pucele,
     Bouchete riant
16   Qui me rapele :
     « Vien ça, si viele

. . . .
     Ta muse en chantant
19   Tant mignotement! »

II. J'alai a li el praelet
Atout la viele et l'archet,
Si li ai chanté le muset
23   Par grant amour :
« J'ai mis mon cuer en si bon cuer
     Espris d'amors... »,

Voulez-vous écouter la « muse » de Muset?
Elle a été faite en mai, un beau matin,
dans un verger verdoyant et fleuri.
Au point du jour,
alors que les oiseaux chantaient,
pleins d'allégresse.
je fis une couronne,
dans la verdure.
Je la tressai avec soin et avec goût
et je l'ornai de mille fleurs.
Et voici venir
une jeune fille,
pleine de grâce et de beauté,
à la bouche rieuse,
qui m'appelle et me dit :
« Viens jouer ta « muse »

. . . .

sur ta vielle et chante
d'une voix caressante! »

Je la rejoignis dans le petit pré
avec ma vielle et mon archet;
je lui ai chanté le « muset »
avec une grande ardeur :
*« J'ai placé mon cœur en un cœur
si épris d'amour... »*

Et quant je vi son chief blondet
27   Et sa color
Et son gent cors amoreuset
     Et si d'ator,
     Mon cuer sautele
31   Pour la damoisele;
     Mult renouvele
Ma joie souvent.
     Ele ot gounele
35   De drap de Castele,
     Qui restencele.
Douz Deus, je l'aim tant
38   De cuer loiaument!

III. Quant j'oi devant li vielé
Pour avoir s'amour et son gré,
Elle m'a bien guerredonné,
42   Soe merci,
D'un besier a ma volenté,
     Deus! que j'aim si!
Et autre chose m'a donné,
46   Com son ami,
Que j'avoie tant desirré :
     Or m'est meri!
     Plus sui en joie
50   Que je ne soloie,
     Quant cele est moie
Que je tant desir;
     Je n'en prendroie
54   Avoir ne mounoie;
     Pour riens que voie
Ne m'en qier partir :
57   Ançois vueil morir!

IV. Or a Colin Muset musé
Et s'a a devise chanté

Et quand je vis sa chevelure blonde,
son teint éclatant,
son corps si beau, si bien paré,
appelant l'amour,
mon cœur se mit à battre
pour elle.
Bien souvent,
ma joie se renouvelle.
Sa robe
en drap de Castille
brillait sous le soleil.
Doux Seigneur, je l'aime tant,
de tout mon cœur fidèle!

Je lui ai joué mon air de vielle
pour gagner ses faveurs et son amour.
Elle m'a bien récompensé,
qu'elle en soit louée!
avec un baiser que je demandais.
Dieu! comme je l'aime!
Et elle m'a donné autre chose,
ce qu'on donne à l'ami
et que j'avais tant désiré.
Je l'avais bien mérité!
Ma joie est plus grande
qu'elle n'a jamais été
d'avoir obtenu
l'objet de mes désirs.
Ni richesse ni argent,
je ne prendrais rien en échange;
pour rien au monde je ne veux la quitter :
plutôt mourir!

Colin Muset a « musé »,
il a chanté à loisir

Pour la bele au vis coloré,
61   De cuer joli.
      Maint bon morsel li a doné
      Et departi
Et de bon vin fort, a son gré,
65   Gel vous affi.
Ensi a son siecle mené
      Jusques ici :
      Oncor dognoie,
69   En chantant maine joie,
      Mult se cointoie,
      Qu'Amors veut servir,
      Si a grant joie
73   El vergier ou dognoie,
      Bien se conroie,
      Bon vin fet venir
76   Trestout a loisir.

pour la belle au visage plein d'éclat,
et avec plaisir.
Elle lui a donné et servi
de jolis morceaux
et du bon vin bien fort, autant qu'il a voulu,
je vous l'assure.
Voici comment il a vécu
jusqu'à ce jour.
Il continue de faire sa cour,
il chante et dit sa joie,
il fait le coquet,
en digne serviteur de l'amour.
Son bonheur est grand
dans le verger où il fait sa cour :
il se rassasie
et fait venir du bon vin
autant qu'il lui plaît.

AUBES

Alors que dix-huit compositions occitanes nous sont restées sous le nom d'*alba,* on ne dénombre que cinq aubes en français.

De longueur et de forme très variables, l'aube ne se caractérise pas par sa structure mais par sa thématique. C'est le chant de séparation des amants après une secrète nuit d'amour. Un oiseau, un guetteur ami ou un veilleur sur sa tour les éveillent en leur annonçant la venue du jour.

Le texte de la pièce n° LIV est donné d'après le ms. *C,* seul à donner cette aube et à l'attribuer, sans doute à tort, à Gace Brulé. La pièce n° LV est citée d'après le ms *I* et l'anthologie de P. Bec.

LIV. CANT VOI L'AUBE DOU JOR VENIR
Gace Brulé (?)

I. Cant voi l'aube dou jor venir,
Nulle rien ne doi tant haïr,
K'elle fait de moi departir
Mon amin cui j'ain per amors.
Or ne hais rien tant com le jour,
5   *Amins, ke me depairt de vos.*

II. Je ne vos puis de jor veoir,
Car trop redout l'apercevoir,
Et se vos di trestout por voir
10 K'en agait sont li envious.
Or ne hais rien tant com le jour,
Amins, ke me depairt de vos.

III. Quant je me gix dedens mon lit
Et je resgairde encoste mi,
15 Je n'i truis point de mon amin,
Se m'en plaing a fins amerous.
Or ne hais rien tant com le jour,
Amins, ke me depairt de vos.

IV. Biaus dous amis, vos en ireis :
20 A Deu soit vos cors comandeis.
Por Deu vos pri, ne m'oblieis :
Je n'ain nulle rien tant com vos.
Or ne hais rien tant com le jour,
Amins, ke me depairt de vos.

25   V. Or pri a tous les vrais amans
Ceste chanson voixent chantant
Ens en despit des medixans
Et des mavais maris jalous.

Quand je vois l'aube venir,
comment, plus que tout, ne pas la haïr,
elle qui oblige mon ami à me quitter,
lui, mon seul amour?
Je ne hais rien tant que le jour,
ami, qui me sépare de vous.

Le jour, je ne puis vous voir
tant je redoute d'être surprise.
J'en suis sûre, croyez-moi,
les médisants nous guettent.
Je ne hais rien tant que le jour,
ami, qui me sépare de vous.

Quand je suis étendue dans mon lit,
que je regarde à mes côtés,
nulle trace de mon ami.
Amants sincères, écoutez ma plainte!
Je ne hais rien tant que le jour,
ami, qui me sépare de vous.

Mon bel, mon doux ami, il faut partir.
Allez en la garde de Dieu!
En son nom, je vous en prie, ne m'oubliez pas,
moi qui n'aime personne autant que vous.
Je ne hais rien tant que le jour,
ami, qui me sépare de vous.

A tous les amants sincères je demande
qu'ils aillent répétant ma chanson
sans se soucier des médisants
ni des maris jaloux et méchants.

Or ne hais rien tant com le jour
30 *Amins, ke me depairt de vos.*

***

LV. ENTRE MOI ET MON AMIN

I. Entre moi et mon amin,
En un bois k'est leis Betune
Alainmes juwant mairdi
4 Toute lai nuit a la lune,
　Tant k'il ajornait
Et ke l'alowe chantait
Ke dit : « Amins, alons an »,
8 　Et il respont doucement :
　　« Il n'est mie jours,
　　Saverouze au cors gent,
　　Si m'aït amors,
12 　*L'alowette nos mant. »*

II. Adont ce trait pres de mi,
Et je ne fu pas enfrune;
Bien trois fois me baixait il,
16 Ainsi fix je lui plus d'une
　K'ainz ne m'anoiait.
Adonc vocexiens nous lai
Ke celle nuit durest sant,
20 　Mais ke plus n'alest dixant :
　　« Il n'est mie jours,
　　Saverouze au cors gent,
　　Si m'aït amors,
24 　*L'alowette nos mant. »*

Je ne hais rien tant que le jour,
ami, qui me sépare de vous.

..*

Tous les deux, mon ami et moi,
dans un bois, près de Bethune,
nous avons joué à deux, c'était mardi,
toute la nuit au clair de lune.
Puis le jour se leva
et l'alouette chanta.
Elle disait : « Ami, allons-nous-en ».
Mais d'une voix douce, il répondit :
    « Il n'est pas encore jour,
    ma belle, ma mignonne,
    – que me garde l'amour –,
    l'alouette nous ment. »

Alors il se rapprocha de moi,
il ne me trouva pas farouche.
Il me donna trois baisers,
je lui en donnai plus d'un,
et ce fut sans déplaisir!
Cette nuit-là, en cet instant,
nous aurions voulu qu'elle en dura cent
afin de ne plus avoir à dire :
    « Il n'est pas encore jour,
    ma belle, ma mignonne,
    – que me garde l'amour –,
    l'alouette nous ment. »

CHANSONS DE TOILE

La vingtaine de chansons de toile qui nous sont parvenues apportent dans la lyrique française comme l'écho d'un air ancien chargé de nostalgie. Sept d'entre elles sont insérées dans des romans en vers du XIIIe siècle, le *Roman de la Rose* de Jean Renart et le *Roman de la Violette* de Gerbert de Montreuil. Les autres nous sont conservées dans un seul chansonnier, le ms. B.N. 20050. Cinq, enfin, sont signées d'Audefroi le Bastard, un trouvère du tout début du XIIIe siècle.

Les chansons de toile sont des chansons lyrico-narratives, formées d'une succession de couplets asso-nancés ou rimés, suivis d'un refrain, chaque vers contenant le plus souvent une unité de sens, sans lien syntaxique de l'un à l'autre. Ce procédé rapproche l'écriture des chansons de toile de celle de la laisse épique.

A la différence du *grand chant,* le poème n'émane plus d'un *je* lyrique masculin mais il met en scène une femme dont le destin nous est conté. Son prénom, d'une mélancolique noblesse, Belle Aye, Belle Doette, Belle Eglantine, s'inscrit souvent au début du premier vers. Les jeunes femmes, dont nous ne connaissons guère que ce prénom, défilent dans nos mémoires comme de touchantes et fugitives figures, à la fois semblables dans leur condition de femme et différentes par les épreuves qu'elles subissent. Presque toujours soumises à une mère autoritaire, tantôt elles sont abandonnées par un amant, tantôt elles pleurent l'ami mort au tournoi ou trop longtemps absent en une terre étrangère.

Chantées sans doute à l'origine par des femmes occupées à des travaux de couture, d'où leur nom et leur décor, elles ont des points communs avec les chansons de tissage de nombreux folklores et en particulier du folklore arabo-andalou.

Les pièces tirées du *Roman de la Rose* (LVI-LIX) sont citées d'après l'éd. F. Lecoy. Pour les pièces LX-LXII, nous avons suivi le ms *U*. Le texte de la pièce LXIII est établi d'après l'éd. Culmann et les mss *U* et *M*. La pièce LXIV est citée d'après l'anthologie de P. Bec.

LVI. FILLE ET LA MERE SE SIEENT
A L'ORFROIS

I. Fille et la mere se sieent a l'orfrois,
A un fil d'or i font orïeuls croiz.
Parla la mere qui le cuer ot cortois.
4   *Tant bon'amor fist bele Aude en Doon!*

II. « Aprenez, fille, a coudre et a filer
Et en l'orfrois orïex crois lever.
L'amor Doon vos covient oublier. »
8   *Tant bon'amor fist bele Aude en Doon.*

***

LVII. SIET SOI BELE AYE AS PIEZ SA MALE
MAISTRE

I. Siet soi bele Aye as piez sa male maistre,
Sor ses genouls un paile d'Engleterre
Et a un fil i fet coustures beles.
     Hé! Hé! amors d'autre païs,
5 *Mon cuer avez et lïé et souspris.*

II. Aval la face li courent chaudes lermes,
Q'el est batue et au main et au vespre
Por ce qu'el aime soudoier d'autre terre.
     Hé! Hé! amors d'autre païs,
10 *Mon cuer avez et lïé et souspris.*

282

La fille et la mère, assises à leur passementerie,
avec un fil doré brodent des croix d'or.
La mère au noble cœur prend la parole :
Si grand pour Doon, l'amour de la belle Aude.

« Ma fille, apprenez à coudre et à filer,
à broder des croix d'or sur la passementerie.
Il vous faut oublier votre amour pour Doon ».
Si grand pour Doon, l'amour de la belle Aude.

* *
*

La belle Aye est assise aux pieds de sa méchante
[gouvernante.
Elle a sur ses genoux un tissu d'Angleterre,
elle y passe le fil, y fait de belles coutures.
*Hélas, mon bien-aimé, venu de terre étrangère,
vous avez pris mon cœur, il vous est attaché.*

Elle pleure de chaudes larmes qui mouillent son
car on la bat au matin comme au soir   [visage
pour la punir d'aimer un soldat étranger.
*Hélas, mon bien-aimé, venu de terre étrangère,
vous avez pris mon cœur, il vous est attaché.*

LVIII. OR VIENENT PASQUES
LES BELES EN AVRIL

    I. Or vienent Pasques les beles en avril.
Florissent bois, cil pré sont raverdi,
Cez douces eves retraient a lor fil,
4 Cil oisel chantent au soir et au matin.
Qui amors a, nes doit metre en oubli :
Sovent i doit et aler et venir.
Ja s'entr'amoient Aigline et li quens Guis.
8   *Guis aime Aigline, Aigline aime Guion.*

    II. Souz un chastel q'en apele Biaucler,
En mout poi d'eure i ot granz bauz levez.
Ces damoiseles i vont por caroler,
12 Cil escuier i vont por bohorder,
Cil chevalier i vont por esgarder;
Vont i cez dames por lor cors deporter.
La bele Aigline s'i est fete mener,
16 Si ot vestu un bliaut de cendel
Qui granz deus aunes traïnoit par les prez.
    Guis aime Aigline, Aigline aime Guion.

**

LIX. BELE AIGLENTINE
EN ROIAL CHAMBERINE

    I. Bele Aiglentine en roial chamberine
Devant sa dame cousoit une chemise :

Voici que reviennent Pâques les belles, en avril.
Les bois fleurissent, les prairies reverdissent,
les eaux retrouvent doucement leurs cours,
du soir au matin chantent les oiseaux.
Celui qui aime ne doit être oublieux :
qu'à ses amours, il vienne et revienne!
Aigline et le comte Gui s'entr'aimaient.
   Guion aime Aigline, Aigline aime Guion

Au pied d'un château du nom de Beauclair,
un bal a été bien vite organisé.
Les jeunes filles y vont pour danser,
les écuyers y vont pour jouter,
les chevaliers y vont pour regarder,
et les dames y vont pour s'amuser.
La belle Aigline s'y est fait amener.
Elle avait revêtu une tunique de soie;
la traîne, longuement, en balaie les prés.
   Guion aime Aigline, Aigline aime Guion.

*
* *

Belle Églantine, dans une chambre princière,
s'occupait devant sa mère à coudre une chemise.

Ainc n'en sot mot quant bone amor l'atise.
      Or orrez ja
5 *Comment la bele Aiglentine esploita.*

    II. Devant sa dame cousoit et si tailloit;
Mes ne coust mie si com coudre soloit :
El s'entr'oublie, si se point en son doit.
La soe mere mout tost s'en aperçoit.
10   *Or orrez ja*
Comment la bele Aiglentine esploita.

    III. « Bele Aiglentine, deffublez vo sorcot,
Je voil veoir desoz vostre gent cors.
— Non ferai, dame, la froidure est la morz. »
15   *Or orrez ja*
Comment la bele Aiglentine esploita.

    IV. — « Bele Aiglentine, q'avez a empirier
Que si vos voi palir et engroissier?
— Ma douce dame, ne le vos puis noier :
20 Je ai amé un cortois soudoier,
Le preu Henri, qui tant fet a proisier.
S'onques m'amastes, aiez de moi pitié. »
      Or orrez ja
Comment la bele Aiglentine espoita.

25   V. « Bele Aiglentine, vos prendra il Henris?
— Ne sai voir, dame, car onques ne li quis.
— Bele Aiglentine, or vos tornez de ci,
Tot ce li dites que ge li mant Henri
S'il vos prendra ou vos lera einsi.
30 — Volontiers, dame, la bele respondi. »
      Or orrez ja
Comment la bele Aiglentine esploita.

Celle-ci ignore tout de l'amour qui la brûle.
Écoutez maintenant
Ce que fit la belle Églantine.

Devant sa mère elle cousait et taillait l'étoffe;
mais voilà qu'elle ne coud plus comme elle a l'habitude :
elle est distraite et elle se pique au doigt;
cela n'a pas échappé à sa mère.
Écoutez maintenant
Ce que fit la belle Églantine.

« Belle Églantine, enlevez votre tunique
pour que je voie votre joli corps.
— Non, ma mère, le froid va me tuer! »
Écoutez maintenant
ce que fit la belle Églantine.

— « Belle Églantine, êtes-vous souffrante?
Qu'avez-vous à être aussi pâle et alourdie?
— Ma chère mère, je ne peux vous le cacher :
j'ai aimé un noble soldat,
le vaillant Henri qui est si renommé.
Si vous avez jamais eu de l'affection pour moi,
                    [prenez-moi en pitié! »
Écoutez maintenant
ce que fit la belle Églantine.

« Belle Églantine, veut-il de vous, Henri?
— Je ne sais, mère, je ne le lui ai jamais demandé.
— Belle Églantine, partez d'ici,
allez dire à Henri que je lui demande
s'il veut vous épouser ou s'il va vous laisser ainsi.
— Volontiers, ma mère », répondit la belle.
Écoutez maintenant
ce que fit la belle Églantine.

VI. Bele Aiglentine s'est tornee de ci
Et est venue droit a l'ostel Henri.
35 Li quens Henris se gisoit en son lit.
Or orrez ja que la bele li dit.
Or orrez ja
Comment la bele Aiglentine esploita.

VII. « Sire Henri, velliez vos ou dormez?
40 Ja vos requiert Aiglentine au vis cler
Se la prendrez a moullier et a per.
— Oïl, dit il, onc joie n'oi mes tel. »
Or orrez ja
Comment la bele Aiglentine esploita.

45 **VIII.** Oit le Henris, mout joianz en devint.
Il fet monter chevaliers trusq'a vint,
Si enporta la bele en son païs
Et espousa, riche contesse en fist.
Grant joie en a
50 *Li quens Henris quant bele Aiglentine a.*

⁎⁎

LX. BELE DOETTE AS FENESTRES SE SIET

I. Bele Doette as fenestres se siet.
Lit en un livre mais au cuer ne l'en tient :
De son ami Doon li resovient
Q'en autres terres est alez tornoier.
5 *E, or en ai dol!*

Belle Églantine s'en est allée
droit à la demeure d'Henri.
Le comte Henri était couché.
Écoutez ce que lui dit la belle.
Écoutez maintenant
ce que fit la belle Églantine.

« Sire Henri, êtes-vous éveillé? Dormez-vous?
C'est Églantine au clair visage
qui vous demande si vous voulez la prendre pour
[épouse.
– Bien sûr, dit-il, jamais je n'ai été aussi heureux! »
Écoutez maintenant
ce que fit la belle Églantine.

Henri l'a entendue, il est devenu tout joyeux.
Il a fait mettre en selle jusqu'à vingt chevaliers
et il a emmené la belle en son pays.
Il l'a épousée, il a fait d'elle une comtesse.
Grande est la joie du comte Henri
d'avoir à lui la belle Églantine.

* *

Belle Doette est assise, dans l'embrasure d'une
[fenêtre.
Elle lit dans un livre, mais son cœur est ailleurs :
elle songe à son ami Doon
qui est parti au tournoi, en terres étrangères.
Hélas! Quelle est ma peine!

II. Uns escuiers as degrez de la sale
Est dessenduz, s'est destrossé sa male.
Bele Doette les degrez en avale :
Ne cuide pas oïr novele male.
10   *E, or en ai dol!*

III. Bele Doette tantost li demanda :
« Ou est mes sires que ne vi tel pieç'a? »
Cil ot tel duel que de pitié plora.
Bele Doette maintenant se pasma.
15   *E, or en ai dol!*

IV. Bele Doette s'est en estant drecie,
Voit l'escuier, vers lui s'est adrecie.
En son cuer est dolante et correcie
Por son seignor dont ele ne voit mie.
20   *E, or en ai dol!*

V. Bele Doette li prist a demander :
« Ou est mes sires cui je doi tant amer?
— En non Deu, dame, nel vos quier mais celer,
Morz est mes sires, ocis fu au joster. »
25   *E, or en ai dol!*

VI. Bele Doette a pris son duel a faire :
« Tant mar i fustes, cuens Do, frans debonaire!
Por vostre amor vestirai je la haire
Ne sor mon cors n'avra pelice vaire
30   *E, or en ai dol!*
Por vos devenrai nonne en l'eglyse Saint Pol.

290

Un écuyer, aux marches de la salle,
descend de cheval et décharge sa malle.
Belle Doette se précipite au pied des marches,
elle ne s'attend pas à apprendre une mauvaise nouvelle.
   Hélas! quelle est ma peine!

Belle Doette s'empresse de lui demander :
« Où est mon seigneur? Voilà si longtemps que je ne l'ai
                                        [pas vu! »
De douleur, de compassion, l'écuyer se met à pleurer
et Belle Doette aussitôt s'évanouit.
   Hélas! quelle est ma peine!

Belle Doette s'est relevée.
Elle voit l'écuyer, s'avance vers lui.
Son cœur est plein de douleur et de peine
quand rien ne lui laisse espérer le retour de son
                                        [seigneur.
   Hélas! quelle est ma peine!

Belle Doette demande à l'écuyer :
« Où est mon seigneur, lui qui mérite si bien mon
                                        [amour?
— Au nom de Dieu, ma dame, comment vous le
                                        [cacher?
Mon seigneur est mort, tué au cours d'une joute. »
   Hélas! quelle est ma peine!

Belle Doette a commencé sa plainte :
« Comte Doon, vous, si noble, si bon! Quel destin
                                        [funeste!
Pour l'amour de vous, je revêtirai la haire;
jamais plus sur mon corps je ne mettrai pelisse de
                                        [vair. »
   Hélas! Quelle est ma peine!
   Pour vous je me ferai nonne en l'église Saint-Paul.

VII. Por vos ferai une abbaïe tele,
Quant iert li jors que la feste iert nomeie,
Se nus i vient qui ait s'amor fauseie,
35 Ja del mostier ne savera l'entreie.
   E, or en ai dol!
Por vos devenrai nonne a l'eglyse Saint Pol.

VIII. Bele Doette prist s'abaïe a faire
Qui mout est et adés sera maire.
40 Toz cels et celes vodra dedanz atraire
Qui por amor sevent peine et mal traire.
   E, or en ai dol!
Por vos devenrai nonne en l'eglyse Saint Pol.

**

LXI. EN UN VERGIER,
LEZ UNE FONTENELE

I. En un vergier, lez une fontenele,
Dont clere est l'onde et blanche la gravele,
Siet fille a roi, sa main a sa maxele.
En sospirant son douz ami rapele.
   Ae, cuens Guis, amis,
   La vostre amors me tout solaz et ris!

II. Cuens Guis, amis, com male destineie!
Mes pere m'a a un viellart donee,
Qui en cest meis m'a mise et enserree :
N'en puis eissir a soir n'a matinee.

« Pour vous je ferai construire une abbaye
telle que, lorsqu'elle sera consacrée,
nul amant infidèle, s'il veut y pénétrer,
ne pourra en trouver l'entrée. »
   Hélas! Quelle est ma peine!
Pour vous je me ferai nonne en l'église Saint-Paul.

Belle Doette a commencé à construire son abbaye
qui est déjà grande et le sera plus encore.
Elle y voudra réunir tous ceux et toutes celles
qui, par amour, savent supporter le mal et la douleur.
   Hélas! Quelle est ma peine!
Pour vous je me ferai nonne en l'église Saint-Paul.

***

En un verger, près d'une source,
— l'eau y coule claire sur les cailloux blancs —,
est assise fille de roi, la tête dans ses mains :
en soupirant elle appelle son doux ami :
   Hélas! Comte Gui, mon ami,
   pour l'amour de vous j'ai perdu la joie et les
                                     [ris.

Comte Gui, mon ami, cruel est mon destin!
Mon père m'a donnée à un vieillard
qui me tient enfermée dans cette maison :
ni nuit ni jour je n'en puis sortir

> *Ae, cuens Guis, amis,*
12 > *La vostre amors me tout solaz et ris!*

III. Li mals mariz en oï la deplainte.
Entre el vergier, sa corroie a desceinte.
Tant la bati q'ele en fu perşe et tainte,
Entre ses piez por pou ne l'a estainte.
> *Ae, cuens Guis, amis,*
18 > *La vostre amor me tout solaz et ris!*

IV. Li mals mariz, quant il l'ot laidangie,
Il s'en repent car il ot fait folie,
Car il fu ja de son pere maisnie.
Bien seit q'ele est fille a roi, koi qu'il die.
> *Ae, cuens Guis, amis,*
24 > *La vostre amors me tout solaz et ris!*

V. La bele s'est de pameson levee,
Deu reclama par veraie penseie :
— « Bels Sire douz, ja m'avez vos formee,
Donez moi, Sire, que ne soie obliee,
Ke mes amis revengne ainz la vespree ».
> *Ae cuens Guis, amis,*
31 > *La vostre amors me tout solaz et ris!*

VI. Et Nostre Sire l'a molt bien escoutee :
Ez son ami qui l'a reconfortee.
Assis se sont soz une ante ramee;
La ot d'amors mainte larme ploree.
> *Ae cuens Guis, amis,*
37 > *La vostre amors me tout solaz et ris!*

Hélas! Comte Gui, mon ami,
pour l'amour de vous j'ai perdu la joie et les
                                              [ris.

Le mauvais mari a entendu sa plainte.
Il vient au verger, détache sa ceinture.
Il l'a tant battue, sa peau en est toute bleuie et
Pour un peu, il l'aurait tuée à ses pieds.   [meurtrie.
    Hélas! Comte Gui, mon ami,
    pour l'amour de vous j'ai perdu la joie et les
                                              [ris.

Le mauvais mari, quand il l'a bien battue,
le voilà qui se repent : il a fait une folie,
lui qui faisait jadis partie des hommes de son père.
Il sait bien, quoi qu'il dise, qu'elle est fille de roi.
    Hélas! Comte Gui, mon ami,
    pour l'amour de vous j'ai perdu la joie et les
                                              [ris.

La belle est revenue à elle.
Du fond de son cœur, elle s'adresse à Dieu :
« Beau doux Seigneur, vous qui m'avez créée,
faites que mon ami ne m'oublie pas
et qu'il me revienne avant la fin du jour! »
    Hélas! Comte Gui, mon ami,
    pour l'amour de vous j'ai perdu la joie et les
                                              [ris.

Notre Seigneur a entendu sa plainte :
voici son ami qui la réconforte,
ils se sont assis à l'ombre de l'ente.
Que de larmes d'amour ont alors coulé!
    Hélas! Comte Gui, mon ami,
    pour l'amour de vous j'ai perdu la joie et les
                                              [ris.

LXII. LOU SAMEDI A SOIR,
FAT LA SEMAINNE

  I. Lou samedi a soir fat la semainne :
Gaiete et Oriour, serors germainne,
Main et main vont bagnier a la fontainne.
  Vante l'ore et li rainme crollet :
5 *Ki s'entrainment, soueif dorment.*

  II. L'anfes Gerairs revient de la cuintainne,
S'ait choisit Gaiete sor la fontainne;
Antre ses bras l'ait pris, soueif l'a strainte.
  Vante l'ore et la rainme crollet :
10 *Ki s'entrainment, soueif dorment.*

  III. « Quant avrés, Oriour, de l'ague prise,
Reva toi en arriere, bien seis la ville;
Je remanrai Gerairt, ke bien me priset. »
  Vante l'ore et la rainme crollet :
15 *Ki s'entrainment, soueif dorment.*

  IV. Or s'en vat Oriour stinte et marrie;
Des euls s'en va plorant, de cuer sospire,
Cant Gaiete sa suer n'an moinnet mie.
  Vante l'ore et la rainme crollet
20 *Ki s'entrainment, soueif dorment.*

  V. « Laise, fait Oriour, com mar fui nee!
J'ai laxiet ma serour an la vallee;
L'anfes Gerairs l'an moine an sa contree! »

Le samedi soir finit la semaine.
Gaiete et Oriour, sœurs germaines,
main dans la main vont se baigner à la fontaine.
Souffle le vent, la ramée se balance,
doux sommeil à ceux qui s'entr'aiment.

Le jeune Gérard revient de la quintaine.
Gaiete lui a plu, au bord de la fontaine,
il l'a prise dans ses bras, l'a serrée tendrement.
Souffle le vent, la ramée se balance,
doux sommeil à ceux qui s'entr'aiment.

« Oriour, quand tu auras puisé de l'eau,
retourne à la ville, tu connais bien le chemin;
je vais rester avec Gérard qui m'aime bien. »
Souffle le vent, la ramée se balance,
doux sommeil à ceux qui s'entr'aiment.

Oriour s'en va, défaite et toute triste.
Ses larmes coulent, elle pousse des soupirs :
elle ne ramène pas sa sœur Gaiete.
Souffle le vent, la ramée se balance,
doux sommeil à ceux qui s'entr'aiment.

« Hélas! dit Oriour, triste sort que le mien!
J'ai laissé ma sœur dans la vallée,
le jeune Gérard l'emmène en son pays! »

Vante l'ore et la rainme crollet
25 *Ki s'entrainment, soueif dorment.*

VI. L'anfes Gerairs et Gaie s'an sont torneit,
Lor droit chemin ont pris vers sa citeit;
Tantost com il i vint, l'ait espouseit.
   Vante l'ore et la rainme crollet
30 *Ki s'entrainment, soueif dorment.*

***

LXIII. AU NOVEL TENS PASCOR
QUANT FLORIST L'AUBESPINE

I. Au novel tens pascor, quant florist l'aubespine,
Esposa li cuens Guis la bien faite Argentine.
Tant furent bonement braz a braz soz cortine
Que. VI. bels fiz en out. Puis li mostra haïne,
5 Por ceu que melz ama sa pucele Sabine.
   Qui covent a a mal mari,
   Sovent en a le cuer marri.

II. Li cuens por sa beauté l'aime tant et tient
                                        [chiere
Que de li ne se puet partir ne traire arriere.
10 Tant li semont ses cuers que s'amor li requiere,
Que par devant li vient por faire sa proiere.
Mais a icele foiz la vit cruel et fiere.
   Qui covent a a mal mari,
   Sovent en a le cuer marri

Souffle le vent, la ramée se balance,
doux sommeil à ceux qui s'entr'aiment.

Le jeune Gérard s'en est allé avec Gaiete.
Ils se sont dirigés tout droit vers la cité.
Dès son arrivée, il l'a épousée.
Souffle le vent, la ramée se balance,
doux sommeil à ceux qui s'entr'aiment.

* * *

Au terme du renouveau, à Pâques, au temps de
[l'aubépine en fleurs,
le comte Gui épousa Argentine au beau corps.
Ils s'enlacèrent si souvent avec tendresse sous la
courtine
qu'il naquit six beaux garçons. Puis il se mit à la haïr,
lui préférant sa jeune suivante, Sabine.
Celle qui a mauvais mari,
souvent son cœur en est marri.

Le comte était tant épris de la jeune fille,
il ne pouvait se détacher d'elle.
Son cœur finit par le pousser à se déclarer,
mais cette fois-là, elle se montra dure et cruelle envers
[lui.

Celle qui a mauvais mari,
souvent son cœur en est marri.

15 III. « Sabine, dist li cuens, vostre cors m'ata-
[lente;
Vostre amor vos requier, la moie vos presente,
Et se vos m'en failliez, mis m'avez en tormente. »
Et la bele respont : « Ja Dex ne le consente
Q'en soignantage soit useie ma jovente! »
20 *Qui covent a a mal mari,*
Sovent en a le cuer marri.

IV. « Sabine, dist li cuens, tant vos voi debonaire
Que de vos ne me puis partir n'arriere traire.
Se vos mes volentez et mes boens volez faire,
25 N'a home en mon pooir, s'il en voloit retraire
Malvaiz mot, que les euz ne li feïsse traire. »
Qui covent a a mal mari,
Sovent en a le cuer marri.

V. Tant a li cuens promis et doné a la bele
30 Que il li a tolu lo douz non de pucele.
Totes ses volentez fait de la damoisele.
Argente s'aperçoit, son seignor en apele;
Por pou que ne li part li cuers soz la mamele.
Qui covent a a mal mari,
35 *Sovent en a le cuer marri.*

VI. La dame en sospirant a mostré son corage.
« Sire, por Deu merci, trop m'avez en viltage
Quant devant moi tenez amie en soignantage.
Si me merveil por coi me faites tel hontage
40 Kar onques en moi n'out folie nen outrage. »
Qui covent a a mal mari,
Sovent en a le cuer marri.

VII. « Argente, bien avez vostre raison mostree.
Sor les euz vos comant que vuidiez ma contree
45 Et gardez que n'i soit seüe vo rentreie,

« Sabine, dit le comte, je brûle de désir pour vous;
je vous demande votre amour, je vous offre le mien.
Si vous le refusez, j'en serai au supplice ».
Et la belle répond : « Que Dieu me préserve
de passer ma jeunesse dans le concubinage! »
    Celle qui a mauvais mari,
    souvent son cœur en est marri.

« Sabine, dit le comte, je vous trouve si gentille,
je ne vois pas comment je pourrais renoncer à vous.
Acceptez de faire ce que je désire
et si un seul de mes hommes a l'audace de médire de
je lui ferai tout aussitôt crever les yeux. »   [vous,
    Celle qui a mauvais mari,
    souvent son cœur en est marri.

Le comte a tant fait de promesses et de dons à la
qu'il lui a retiré le doux nom de pucelle.   [belle
Il fait tout ce qu'il veut avec la jeune fille.
Argente s'en aperçoit et va se plaindre à son mari.
Pour un peu son cœur se briserait dans sa poitrine.
    Celle qui a mauvais mari,
    souvent son cœur en est marri.

La dame en soupirant lui dit ce qu'elle éprouve :
« Seigneur, pitié! Vous me traitez bien mal
en entretenant sous mes yeux une maîtresse!
Je m'étonne de vous voir me faire une telle honte
car jamais je ne vous ai déshonoré par ma conduite. »
    Celle qui a mauvais mari,
    souvent son cœur en est marri.

« Argente, vous avez bien exposé votre plainte.
Je vous ordonne, sur votre tête, de quitter sur le champ
                                        [mon pays

Car se vos i estiez veüe n'encontree,
Maintenant en seroit la vostre vie outreie. »
    Qui covent a a mal mari,
    Sovent en a le cuer marri.

50   VIII. Argente s'est en piez, vosist ou non,
                                    [drecie.
En plorant prent congié, dolante et correcie.
De ses enfanz aidier toz les barons en prie,
Puis les baise en plorant et il l'ont embracie.
Quant partir l'en covient, por pou n'est enragie.
55   *Qui covent a a mal mari,*
    Sovent en a le cuer marri.

    IX. La dame, al duel qu'ele a, est chaüe sovine.
Quant se pot redracier, dolente s'achemine.
Del cuer va sospirant et de plorer ne fine.
60 Les larmes de son cuer corrent de tel ravine
Que ses mantiax en muelle et ses bliauz d'ermine.
    Qui covent a a mal mari,
    Sovent en a le cuer marri.

    X. Tant a la dame erré et sa voie tenue
65 Qu'en Alemaigne droit est la belle venue.
Tant fait qu'en la court est l'empereour veüe :
Devant l'empereris s'est si bel maintenue
Qu'a son servise l'a volentiers retenue.
    Qui covent a a mal mari,
    Sovent en a le cuer marri.

70 XI. Argente la cortoise est de si haut servise
Que pour sa grant valour l'aime chascuns et prise.

et prenez bien garde que je n'apprenne votre retour!
Si vous y étiez vue ou rencontrée,
c'en serait fait de votre vie. »
   Celle qui a mauvais mari,
   souvent son cœur en est marri.

   Il a bien fallu qu'Argente se remette debout.
Elle pleure en partant, elle est pleine de douleur et de
                                              [courroux.
Elle prie tous les barons de veiller sur ses enfants.
Tout en larmes, elle les embrasse et ils l'embrassent
                                              [aussi.
Quand il lui faut partir, peu s'en faut qu'elle ne
                              [devienne folle de douleur.
   Celle qui a mauvais mari,
   souvent son cœur en est marri.

   Sa douleur est telle qu'elle tombe à la renverse;
quand elle peut se relever,
elle pousse des soupirs et ne fait que pleurer;
ses larmes coulent si fort
qu'elles viennent mouiller sa tunique et son manteau
   Celle qui a mauvais mari,   [d'hermine.
   souvent son cœur en est marri.

   La dame a si longtemps cheminé sur les routes
qu'elle est arrivée, la belle, tout droit en Allemagne.
Avec habileté, elle se fait remarquer à la cour de
                                              [l'empereur.
A l'impératrice, elle a fait si bonne impression
qu'elle l'a bien volontiers retenue à son service.
   Celle qui a mauvais mari,
   souvent son cœur en est marri.

   Argente la courtoise sait fort bien remplir son office
et son mérite est tel que tous l'aiment et l'estiment.

De toutes oevres est la bele si aprise
Que deseur toutes ot la dame la maistrise,
75 Si qu'ele n'est de riens blasmee ne reprise.
Qui covent a a mal mari,
Sovent en a le cuer marri.

XII. Illueques servi tant Argente la senee
Que Dex a ses biaux filx si grant honor donee
80 Qu'il furent chevalier de haute renomee,
Quar Dex i ot valor et bonté assenee;
Adés ont mauvestié haïe et refusee.
Qui covent a a mal mari,
Sovent en a le cuer marri.

85 XIII. Plain sunt de grant bonté, d'onor et de
[largece.
Valors qui lor desfent malvaistié et perece
Les semont et conduit et aprent et adrece
Tant qu'a l'empereour servent par lor prohece.
Or lor defuit tristors et aproche leece.
90 *Qui covent a a mal mari,*
Sovent en a le cuer marri.

XIV. Tant sunt vaillant et preu et bien servant li
[frere
Que mout les aime et croit et prise l'emperere.
Et Dex qui des bien fais est gens guerredonere
95 Lor fet connoistre iluec qu'Argentine est lor mere
Et que il sunt si fill et li quens Guis lor pere.
Qui covent a a mal mari,
Sovent en a le cuer marri.

La belle est si experte en tout ce qu'elle fait
qu'elle surpasse bientôt toutes les autres dames,
sans jamais recevoir ni reproche ni blâme.

Celle qui a mauvais mari,
souvent son cœur en est marri.

Argente la sage servit ainsi à la cour
jusqu'au jour où Dieu fit tant d'honneur à ses fils
qu'ils devinrent chevaliers de grande renommée.
Dieu leur a accordé vaillance et vertu
et eux-mêmes ont su refuser et haïr toutes formes de
[mal.

Celle qui a mauvais mari,
souvent son cœur en est marri.

En eux sont accomplis haute vertu, honneur et
[générosité.
Leur valeur, qui leur interdit de céder au mal comme à
[la paresse,
les exhorte et les dirige, les guide et les instruit,
si bien qu'ils viennent mettre leur prouesse au service
[de l'empereur.
Voici que s'enfuit la tristesse et qu'approche la joie.

Celle qui a mauvais mari,
souvent son cœur en est marri.

Les frères sont si hardis, si preux, si aptes au service
[des armes,
que l'empereur les aime, les estime et leur accorde sa
[confiance.
C'est alors que Dieu, qui sait si bien récompenser les
[mérites,
leur fait découvrir qu'Argentine est leur mère,
qu'ils sont ses fils et le comte Gui, leur père.

Celle qui a mauvais mari,
souvent son cœur en est marri.

XV. Quant reconneüs a ses biauz enfans la
[dame
100 Tel joie a en son cuer, pour pou qu'el ne se
[pasme.
Ne deïst un sol mot pour trestout un roiame.
Ensement se maintient con s'en alast li ame.
Lez li sont li enfant assis seur un escame.
Qui covent a a mal mari,
105 *sovent en a le cuer marri.*

XVI. Le dame de ses fix mout grant joie
[demainne
Et li enfant de li. Lors fu la joie plainne,
110 Si que toute la cort de resbaudir se painne.
Iluesques firent puis une feste quinzainne,
Qu'il peüssent avoir congié por nule painne.
Qui covent a a mal mari,
Sovent en le cuer marri.

XVII. Mout ont fait li enfant de lor mere grant
[joie,
Puiz demandent congié pour esploitier lor voie;
115 Mes mout envis lor done l'emperere et otroie.
L'empereris d'or fin deus somiers lor envoie
Et l'emperere autant, ainz que partir les voie.
Qui covent a a mal mari,
Sovent en a le cuer marri.

120 **XVIII.** Lors se mist u chemin Argente et sa
[maisnie.
Tant fist qu'en son païs vint o sa baronie.
La pais ont li enfant entr'eus faite et furnie,
Si c'onques puis n'i ot descort ne felonie,
Et Sabine a touz jours de la terre banie.

Lorsque la dame a reconnu ses beaux enfants,
sa joie est telle, peu s'en faut qu'elle ne se pâme.
Pas un mot, pour rien au monde, n'aurait pu sortir de sa
[bouche!
Elle reste immobile, comme si elle allait rendre
[l'âme.
Ses enfants sont près d'elle, assis sur un banc.

Celle qui a mauvais mari,
souvent son cœur en est marri.

La dame est tout heureuse de retrouver ses fils
et eux, d'avoir retrouvé leur mère. La joie se fait
[générale :
toute la cour s'empresse d'y participer.
Les festivités durèrent ensuite toute une quinzaine
sans qu'ils puissent parvenir à prendre congé.

Celle qui a mauvais mari,
souvent son cœur en est marri.

Les enfants ont montré toute leur joie à leur
[mère.
Ils demandent la permission de retourner chez eux.
L'empereur, non sans regret, finit par la leur accorder.
L'impératrice leur offre deux chevaux chargés d'or
[fin
et l'empereur fait de même, avant d'assister à leur
[départ.

Celle qui a mauvais mari,
souvent son cœur en est marri.

Argente et ses gens se mirent alors en route.
Avec sa noble escorte, elle arriva dans son pays.
Les enfants ont complètement réconcilié leurs
[parents :
jamais plus il n'y eut entre eux désaccord ou infidélité,
et Sabine fut à tout jamais exilée du pays.

125 *Qui covent a a mal mari,*
Sovent en a le cuer marri.

***

LXIV. TROIS SEREURS SEUR RIVE MER

I. Trois sereurs seur rive mer
Chantent cler.
La jonete fu brunete :
« De brun ami j'aati :
5 *Je suis brune*
S'avrai brun ami aussi ».

II. Trois sereurs seur rive mer
Chantent cler.
La mainnee apele
10 Robin son ami :
« *Prise m'avez el bois ramé,*
Reportez m'i ».

III.Trois sereurs seur rive mer
Chantent cler.
15 L'ainnee dit :
« *On doit bien jone dame amer*
Et s'amor garder,
Cil qui l'a ».

Celle qui a mauvais mari,
souvent son cœur en est marri.

Trois sœurs sur le rivage de la mer
chantent d'une voix claire.
La jeunette est brunette :
« Un ami brun, c'est là ce que je veux :
   Je suis brune,
j'aurai donc un ami brun. »

Trois sœurs sur le rivage de la mer
chantent d'une voix claire.
La plus jeune appelle Robin son ami :
   « *Vous m'avez prise sous la ramée,*
reportez m'y. »

Trois sœurs sur le rivage de la mer
chantent d'une voix claire.
L'aînée dit :
   « *Femme jeune, il faut l'aimer*
et son amour garder,
quand on l'a. »

PASTOURELLES

La pastourelle est un genre lyrico-narratif, c'est-à-dire qu'elle comporte un petit récit à connotation plus ou moins dramatique. Les strophes se terminent assez souvent par un refrain. Un premier vers, du type *L'autrier aloie chevauchant* (l'autre jour, je me promenais à cheval) s'instaure comme motif de départ pour la plupart d'entre elles.

Le genre est en outre aisément reconnaissable par sa thématique : un chevalier en promenade dans la campagne se propose de séduire une bergère. La suite développe tous les cas de figures possibles, de la possession rapide au refus de la jeune fille, en passant par le viol.

On peut considérer la pastourelle comme le contre-point du grand chant courtois. La dame hautaine est remplacée par une pauvre bergère. A l'exaltation du désir s'oppose ici la volonté de jouissance immédiate. Les ébats dans l'espace champêtre apparaissent comme une évasion hors du lieu abstrait du culte de la dame. La légèreté de cet amour de rencontre, le fréquent cynisme du chevalier vont en outre de pair avec l'opposition de classe entre les partenaires et notamment les bergers amis de la jeune fille. Une certaine connivence peut cependant s'établir : au chevalier élégant correspond souvent une fine bergère tandis que le chevalier grossier, brutal, s'entend avec une vilaine intéressée ou lubrique.

On attribue à ce genre des origines multiples : la poésie latine, et en particulier les *Bucoliques* de Virgile, la poésie médio-latine et cléricale (avec le thème de l'*invitatio amicae*), la poésie occitane – cette dernière hypothèse étant peu probable – une origine populaire enfin. Cette hypothèse fut en faveur chez les érudits de la fin du XIXe siècle, lors de l'engouement des théories allemandes sur le Volkslied. Récemment M. Zink a vu dans la jeune bergère une figure possible de la femme sauvage. Ajoutons que le mythe de l'âge d'or et du bonheur pastoral était bien présent aux esprits médiévaux, depuis longtemps nostalgiques d'un passé révolu. Il ne faut pas négliger enfin les sources bibliques et surtout le *Cantique des Cantiques* que les commentaires de saint Bernard et de Guillaume de Saint-Thierry, au XIIe siècle, avaient remis en lumière et dans lequel la bien-aimée est cette splendide beauté que le soleil a brunie alors qu'elle gardait ses troupeaux.

Le texte des pastourelles a été établi pour les pièces LXV, LXVI, LXVII et LXVIII d'après le ms *K*, pour la pièce LXIX d'après le ms *a* et l'éd. J.-Cl. Rivière.

I. A la fontenele
qui sourt soz la raime
trouvai pastorele
4 qui n'ert pas vilaine
ou el se dementoit d'amors :
« Deus, quant vendra mon ami douz? »
    Merci, merci, douce Marote,
8 *n'ociez pas vostre ami douz!*

II. « De ma grant biauté
que ferai je, lasse!
Se j'osasse amer
12 volentiers amasse,
Je n'os pour mon pere
ne pour ma marastre.
A tart me chastoiez d'amors
16 car j'amerai mon ami douz ».
    Merci, merci, douce Marote,
    n'ociez pas vostre ami douz!

III. Et li chevaliers
20 qui l'a escoutee
mist pié fors d'estrief,
descent en la pree,
devant li se mist a genouz :
24 « Bele, vez ci vostre ami douz ».
    Merci, merci, douce Marote,
    n'ociez pas vostre ami douz!

IV. — « Sire chevaliers,
28 ce ne di ge mie
c'onques a nul jor
fusse vostre amie

Au bord du ruisseau
qui sourd sous la ramée,
j'ai rencontré une pastourelle
– comment l'appeler vilaine? –
qui se tourmentait pour son amour :
« Dieu! quand reviendra-t-il, mon ami doux? »
Pitié, pitié, douce Marote,
ne tuez pas votre ami doux!

« A quoi bon, hélas
être belle!
Si j'étais plus hardie,
j'aimerais volontiers,
mais je n'ose à cause de mon père
et de ma marâtre.
Ils ont bien tort de m'interdire l'amour,
car je ne renoncerai pas à mon ami doux ».
Pitié, pitié, douce Marote,
Ne tuez pas votre ami doux!

Quand il l'a entendue,
le chevalier
hors de l'étrier a mis le pied.
Dans la prairie, il est descendu,
devant elle, il s'est agenouillé.
« Belle, le voici, votre ami doux. »
Pitié, pitié, douce Marote,
ne tuez pas votre ami doux!

Sire chevalier,
je ne dis pas non :
j'aurais pu, un jour,
être votre amie,

ainz ai a tel doné m'amor
32 dont mi parent avront honor ».
   Merci, merci, douce Marote,
   n'ociez pas vostre ami douz!

   V. Quant li chevaliers
36 s'oï escondire
   bien sot sa parole
   ot mal emploié.
   « Je me vois rendre a Roiaumont
40 mon cuer remandra avec vos ».
   Merci, merci, douce Marote,
   n'ociez pas vostre ami douz!

*
*

***

LXI. EN MAI, LA ROUSEE,
QUE NEST LA FLOR

   I. En mai, la rousee, que nest la flor,
   que la rose est bele au point du jor,
   par mi cele arbroie
4 cil oisellon s'envoisent
   et mainent grant baudor;
   quant j'oi la leur joie,
   pour riens ne mi tendroie
8 d'amer bien par amors.

   II. La pastore ert bele et avenant,
   ele a les euz verz, la bouche riant.
   Benoet soit li mestre
12 qui tele la fist nestre,
   bien est a mon talent.

mais j'ai donné mon amour
à tel qui plaira à mes parents. »
   Pitié, pitié, douce Marote,
   ne tuez pas votre ami doux!

   Quand le chevalier
se vit repousser,
il comprit bien
qu'il avait perdu son temps.
« Je vais me faire moine à Royaumont,
mon cœur restera auprès de vous ».
   Pitié, pitié, douce Marote,
   ne tuez pas votre ami doux!

<div align="center"> *
</div>

   En mai, à la rosée, quand s'ouvrent les fleurs,
quand la rose est belle, au point du jour,
quand dans les arbres,
les oiseaux, tout à leur allégresse,
font entendre leurs chants,
moi, gagné par leur joie,
je me laisse aller
au désir d'aimer.

   La bergère était belle et avenante
avec ses yeux pers, ses lèvres souriantes.
Béni soit le Créateur
qui la fit telle :
elle est tout ce que je désire.

Je m'assis a destre,
si li dis : « Damoisele,
16 vostre amor vous demant. »

III. Ele me respont : « Sire Champenois,
par vostre folie ne m'avroiz des mois,
car je sui amie
20 au filz dame Marie,
Robinet le cortois
qui me chauce et lie,
et si ne me let mie
24 sanz biau chapiau d'orfrois. »

IV. Quant vi que proiere ne m'i vaut noient,
couchai la a terre tout maintenant,
levai li le chainse,
28 si vi la char si blanche,
tant fui je plus ardant;
fis li la folie,
el nel contredist mie,
32 ainz le vout bonement.

V. Quant de la pastore oi fet mon talent,
sus mon palefroi montai maintenant,
et ele s'escrie :
36 « Au filz sainte Marie,
chevalier, vous command.
Ne m'oubliez mie,
car je sui vostre amie,
40 mes revenez souvent ».

Je m'assis à sa droite
et je lui dis : « Ma demoiselle,
accordez-moi votre amour. »

Elle, elle me répond : « Monsieur le Champenois,
quelle folie! N'y comptez pas de sitôt :
je suis l'amie
du fils de dame Marie,
le jeune, le gentil Robin
qui me donne souliers et ceintures
et qui jamais ne me laisse
sans un beau chapeau à galon doré. »

Quand je compris que prier était superflu,
tout aussitôt je la renversai
et relevai sa chemise;
sa peau, que je vis si blanche,
excita mon désir;
je lui fis la folie,
et pas contre son gré,
elle en avait envie!

Je fis avec ma bergère tout ce qui me plut
et puis je remontai sur mon palefroi
et elle s'écria :
« Chevalier, que le fils
de sainte Marie vous protège!
Ne m'oubliez pas,
je suis à vous,
et revenez souvent ».

LXVII. HUI MAIN PAR UN AJORNANT

I. Hui main par un ajornant
chevauchai ma mule amblant,
Trouvai gentil pastorele et avenant;
4 entre ses aigniax aloit joie menant.

II. La pastore mult m'agree,
si ne sai dont ele est nee
ne de quels parenz ele est enparentee.
8 Onques de mes euz ne vi si bele nee.

III. « Pastorele, pastorele,
vois le tens qui renouvele,
que raverdissent vergiers et toutes herbes :
12 biau deduit a en vallet et en pucele.

IV. – Chevalier, mult m'en est bel
que raverdissent prael :
si avront assez a pestre mi aignel,
16 je m'irai soëf dormir souz l'arbroisel.

V. – Pastorele, car souffrez
que nos dormons lez a lez,
si lessiez vos aigniax pestre aval les prez :
20 vos n'i avrois ja damage ou vous perdez.

VI. – Chevalier, par saint Simon,
n'ai cure de conpaignon.

Ce matin, au lever du jour,
– ma mule allait l'amble –
j'ai rencontré une bergère gracieuse et avenante,
toute joyeuse au milieu de ses agneaux.

Comme elle me plaît, cette bergère!
Je ne sais où elle est née,
je ne connais pas ses parents
mais jamais je n'ai vu si belle créature!

« Bergère, bergère,
regarde : c'est le temps du renouveau,
les vergers, tout ce qui pousse, reverdit;
garçons et filles ont ensemble bien du plaisir.

– Chevalier, je suis très contente
que les prés reverdissent :
mes agneaux auront de quoi paître
et moi, j'irai dormir tranquillement sous les arbres.

– Bergère, je vous en prie,
dormons l'un près de l'autre!
Laissez vos agneaux paître dans les prés :
vous ne perdrez rien, si vous le perdez...

– Chevalier, par saint Simon,
je n'ai pas envie d'un compagnon.

Par ci passent Guerinet et Robeçon
24 qui onques ne me requistrent se bien non.

VII. — Pastorele, trop es dure,
qui de chevalier n'as cure;
a cinquante boutons d'or avroiz çainture,
28 si me lessiez prendre proie en vo pasture.

VIII. — Chevalier, se Dex vos voie,
puis que prendre volez proie,
en plus haut lieu la pernez que ne seroie :
32 petit gaaigneriez et g'i perdroie.

IX. — Pastorele, trop es sage
de garder ton pucelage :
se toutes tes conpaignetes fussent si,
36 plus en alast de puceles a mari. »

*
**

LXVIII. L'AUTRIER M'EN ALOIE
CHEVAUCHANT

I. L'autrier m'en aloie   chevauchant,
Parmi une arbroie   lez un pendant.
Trouvai pastorele   qui en chantant
Demenoit grant joie   pour son amant;
En son chief la bele   chapel ot mis
De roses nouvele   si disoit touz dis :
    « *Chiberala chibele, douz amis,*
    chiberala chibele, soiez jolis. »

Voici que passent Guérin et Robichon,
jamais ils ne m'ont fait proposition déshonnête.

— Bergère, tu es bien dure
de repousser les chevaliers;
une ceinture avec cinquante clous d'or, tu l'aurais,
si tu me laissais dévaster ton pré.

— Chevalier, que Dieu vous garde!
Si vous voulez bien,
adressez-vous en plus haut lieu :
votre butin serait bien mince, moi j'y perdrais
                                        [beaucoup.

— Bergère, tu as bien raison
de garder ton pucelage :
si toutes tes amies étaient ainsi,
un peu plus de filles se marieraient pucelles! »

*
* *

L'autre jour, me promenant à cheval,
je traversais un bois à flanc de coteau.
Je découvris une bergère toute joyeuse,
occupée à chanter qu'elle était amoureuse.
Sur sa tête elle avait posé
une couronne de roses fraîches et ne cessait de
                                        [chantonner :

  *« Chiberala, chibele, doux ami,
  chiberala, chibele, soyez joli. »*

II. Je me tres arriere, si descendi;
En sa simple chiere   grant biauté vi;
En nule maniere   son douz ami
Ne pot metre arriere   ne en oubli.
Li cuers li sautele,   ce m'est avis,
Son ami apele,   si disoit touz dis :
   « Chiberala chibele, douz amis,
   chiberala chibele, soiez jolis. »

III. Quant oi son regret   assez escouté,
Vers li me sui tret   si regardé
Son vis vermeillet,   ou a grant biauté,
Et son pis blanchet,   plus que flor d'esté;
Envers sa mamele   fleur de lis
Pas ne s'apareille;   si disoit touz dis :
   « Chiberala chibele, douz amis,
   chiberala chibele, soiez jolis. »

IV. Quant la pastorele   me vit venant,
El s'en retorna   tout maintenant;
D'iluec s'en ala,   joie menant,
En haut s'escrïa,   jolivement.
Tout errant la bele   son frestel a pris,
Si chante et frestele   et disoit touz dis :
   « Chiberala chibele, douz amis,
   chiberala chibele, soiez jolis. »

V. N'iert guere esloignie   quant je la vi,
en une valee   o son ami,
gente et acesmee   et cil ausi.
Mil foiz l'a baisiee,   et ele lui;
pas ne renouvele   cele au cler vis
son chant, ainz frestele,   si disoit touz dis :
   « Chiberala chibele, douz amis,
   chiberala chibele, soiez jolis. »

Je fis demi-tour et sautai de cheval.
Je vis alors combien son frais visage était beau.
Loin d'elle la pensée de négliger
ou d'oublier son doux ami.
Je pouvais voir battre son cœur, me semblait-il,
et elle appelait son ami, tout en chantonnant :
  « *Chiberala, chibele, doux ami,*
  chiberala, chibele, soyez joli. »

Après avoir longtemps écouté ses prières,
je me suis approché d'elle pour mieux regarder
son visage éclatant, d'une grande beauté,
sa poitrine plus blanche que fleur d'été
— les lis avec ses seins n'auraient rivalisé —
et elle chantonnait toujours :
  « *Chiberala, chibele, doux ami,*
  chiberala, chibele, soyez joli. »

Quand la bergère vit que je m'approchais d'elle,
elle s'en retourna aussitôt;
toute à son bonheur, elle s'éloigna,
chantant bien haut et avec grâce.
Chemin faisant, elle avait pris son chalumeau
dont elle jouait tout en fredonnant, et elle chanton-
                                                    [nait :
  « *Chiberala, chibele, doux ami,*
  chiberala, chibele, soyez joli. »

Non loin de là, je la vis bientôt,
au creux d'un vallon avec son ami,
coquettement mise, tout comme lui.
Il lui donna mille baisers, elle les lui rendit.
Elle ne chantait plus, la belle au clair visage,
mais elle répétait toujours, sur le chalumeau :
  « *Chiberala, chibele, doux ami,*
  chiberala, chibele, soyez joli. »

LXIX. PENSIS CONTRE UNE BRUIERE

I. Pensis contre une bruiere
errai toute une feuchiere.
Desous couroit la riviere
4 clere et rade.
Une touse blanque et sade
ses mains et son vis i leve.
Assise estoit en la greve.
8 Je li demandai son estre.
« Sire, jou sui fille a prestre
de la rive lointaine.
Ma mere ot non Elaine
12 et j'ai non Emmelos. »
Gius et baus i a levés
a la roche Guion.
Cui donrai je mes amours,
16 *amie, se vous non?*

II. « Lonc tans ai esté bregiere;
or me dites vo maniere.
– Bele douce amie chiere,
20 je sui maistre :
par carnin fait erbe paistre
a ceuls ki amer ne voeillent
ni ki faire ne le seulent.
24 – Buen fustes nés, biau dous sire,
onques mes n'oï ce dire.
Dites moi, par vo merci,
qe qessistes ore ci?

Rêvant sur la lande, parmi les bruyères,
j'allais à travers les fougères,
en contrebas coulait la rivière,
vive et limpide.
Une bergère au teint clair
y lavait avec grâce ses mains et son visage,
assise sur la grève.
Je lui demandai qui elle était.
« Seigneur, je suis la fille d'un prêtre
d'un lointain rivage.
Ma mère s'appelait Hélène
et je m'appelle Emmelot ».
Fêtes et danses ont commencé
à la Roche Guyon.
A qui donnerai-je mes amours,
amie, sinon à vous?

« Il y a longtemps que je suis bergère,
mais vous, dites-moi qui vous êtes.
— Ma belle, ma douce amie,
je suis grand clerc!
Par mes sortilèges je fais brouter l'herbe
à ceux qui dédaignent l'amour
ou ne s'y consacrent guère.
— Mon doux seigneur, vous fûtes comblé de dons!
Jamais je n'ai entendu parler d'un tel pouvoir!
Mais dites-moi, de grâce,
que cherchez-vous ici?

²⁸ − Je keuc la violete. »
« Sire Dieux, cui donrai je mes loiaus amouretes?
Je ne les donrai oan, se bien nes sai u metre.
Ve le la
³² celi quis ara. »

   III. Li clers la pastoure encline
   et Robin frere Perrine
   se quatist lés l'aube espine,
³⁶ lés la voie,
   et crient qe nus ne les voie;
   vit l'acoler et abatre
   mais faire ne se vaut batre;
⁴⁰ si l'ot il set ans amee,
   onqes ne li dist riens nee,
   fors seul dist tout em plourant :
   « Bele Enmelot pour vous cant,
⁴⁴ vostre amour me demaine. »
   Dras i gueoit Elaine.
   Dehait n'amera;
   vostre amour me demaine
⁴⁸ ki m'afolera.

– Je suis venu cueillir la violette ».
Dieu! à qui donnerai-je loyalement mes amours?
Certes, je ne les donnerai pas de sitôt, si personne n'en
La voilà,   *[est digne.*
celle qui les aura.

    Le clerc culbute la bergère
et Robin, le frère de Perrine,
se cache sous l'aubépine,
près du chemin.
Il a peur que quelqu'un ne les voie,
il a vu toute la scène,
mais il n'a pas voulu se faire battre.
Il l'a aimée pendant sept ans,
sans jamais l'avouer;
simplement il dit, à travers ses larmes :
« Belle Emmelot, c'est pour vous que je chante,
je vous aime et c'est pour mon tourment. »
Hélène lavait le linge à la rivière.
Maudit soit qui n'aimera pas.
Je vous aime et c'est pour mon tourment,
je vais en devenir fou.

IV

« MAIN SE LEVA
LA BIEN FAITE AELIS »

(Baude de la Quarière.)

FORMES LYRICO-CHORÉGRAPHIQUES

L'origine de ces pièces dont beaucoup nous sont parvenus à l'état de fragments soit dans les chansonniers soit insérés dans des romans, des pièces de théâtre voire des sermons, est peut-être populaire mais l'absence d'autres documents ne permet pas de situer plus précisément leur genèse.

Le rondet de carole, avec son alternance refrain-strophe-refrain, constitue comme nous l'avons dit la cellule élémentaire à partir de laquelle furent générées les autres formes et d'abord le rondeau. Fondée sur un schéma musical, la structure du rondeau est :

	Refrain	Strophe	Refrain
Musique	α β	α α α β	α B
Texte	A B	α A α b	A B

La source la plus ancienne des rondets de carole et des rondeaux est le *Roman de la Rose* de Jean Renart qui comporte en outre un grand nombre d'insertions lyriques et, notamment, des chansons de toile. Les refrains des rondeaux sont également cités dans de nombreux textes et sont souvent utilisés, de façon fragmentaire, à l'une des voix d'un motet.

Les textes des rondeaux sont donnés ici d'après l'édition N. Van den Boogaard. Nous citons, dans

331

l'ordre trois rondeaux intégrés à des recueils de sermons, le ms. B.N. fr. 12467 (LXX et LXXI) et le ms. B.N. lat. 16497 (LXXII) et qui servaient de thème à ces textes, quatre rondeaux extraits du ms. B.N. fr. 12786 (LXXIII à LXXVI) deux rondeaux extraits du ms. Vatican Reg. 1490, dont le premier est attribué à Guillaume d'Amiens (LXXVII-LXXVIII) et un motet (LXXIX) utilisant un refrain de rondeau donné par le ms. B.N. fr. 19525. En conclusion à cette première série, nous donnons la pièce *Main se leva la bien faite Aelis,* pot-pourri de refrains attribué par les mss. à Baude de la Quarière (ou de la Kakerie), trouvère du XIIIe siècle par ailleurs inconnu. Suivent le texte intégral des rondeaux d'Adam de la Halle (LXXXI) et des rondeaux pieux tirés du ms. Metz 535 (LXXXII à LXXXV).

Version française de la *balada* occitane, la *ballette* est une courte pièce comportant le plus souvent trois strophes de trois ou quatre vers suivies d'un refrain de un à trois vers. Le refrain se trouve souvent en tête de la première strophe. Tel est du moins le cas dans de nombreuses ballettes du manuscrit d'Oxford. Cette forme a donné naissance à la *ballade,* mentionnée pour la première fois en français dans une pièce de Guillaume le Vinier : *Balade, a cheli te va faire oïr/Qui pour chou me het que j'aim sans traïr.*

Devenant un genre poétique dépourvu de support musical, la ballade évolue, dès la fin du XIIIe siècle, vers une forme plus ample de trois strophes de huit à dix vers *unissonans* suivies d'un refrain d'un vers et, éventuellement, d'un envoi. En fait, la ballade s'est peu à peu substituée au grand chant, suivant une évolution qui l'a conduite, d'une pièce de danse légère et facile, à une forme poétique d'une écriture difficile et statique.

Les textes des ballettes sont établis d'après le ms. d'Oxford (*I*) et l'éd. Gennrich.

RONDEAUX

LXX

C'est la jus c'on dist es prés,
Jeu et bal i sont criés,
Emmelos i veut aler,
A sa mere en acquiert grés.
« Par Dieu, fille, vous n'irés,
Trop y a des bachelers,
au bal. »

LXXI

Belle Aaliz mainz s'en leva,
vesti son cors et para;
en un vergier s'en entra,
cinc florestes i trova,
un chapelet fet en a
de rose florie.
Por Dé, trahez vos en la,
vos qui n'amez mie.

LXII

Sur la rive de la mer,
fontenelle i sordeit cler,
la pucele i veaut aler;
violete ai trouvee.
Je doig bien conjei d'amer
dame maul mariee.

LXIII

Amours sont perdues,
seulete demour.

LXX

C'est là-bas, dit-on, sur les prés,
jeux et bal y sont annoncés,
Emmelot veut y aller,
elle demande l'accord de sa mère.
« Par Dieu, fille, vous n'irez pas,
Il y a bien trop de jeunes gens
au bal. »

LXXI

Belle Aelis au matin se leva,
se vêtit et se fit belle
puis entra dans un verger;
elle y trouva cinq fleurettes,
elle en fit une couronne
de roses épanouies.
Par Dieu, allez-vous-en,
vous qui n'aimez pas.

LXXII

Sur le rivage de la mer,
la source jaillit claire,
la jeune fille veut y aller.
J'y ai trouvé la violette.
Je veux bien qu'elle aime,
dame mal mariée.

LXXIII

Mes amours sont perdues,
seulette je demeure.

Il n'en est mes nules;
Amours sont perdues
Jes ai maintenus
jusqu'a icest jour.
Amours sont perdues,
seulete demour.

LXXIV

Toute seule passerai le vert boscage
puis que compaignie n'ai.
Se j'ai perdu mon ami par mon outrage,
Toute seule passerai le vert boscage
Je li ferai a savoir par un mesage
que je li amenderai.
Toute seule passerai le vert boscage
puis que compaignie n'ai.

LXXV

Nus n'iert ja jolis
    s'il n'aime.
Dame de haut pris,
Nus n'iert ja jolis
li vostres amis
vous claime.
Nus n'iert ja jolis
s'il n'aime.

LXXVI

Ovrez moi l'uis, bele tres douce amie,
ovrez moi l'uis dou petit praëlet

Je n'en ai plus;
Mes amours sont perdues
J'ai su les garder
jusqu'à ce jour.
Mes amours sont perdues,
seulette je demeure.

LXXIV

Toute seule je traverserai le vert bocage
puisque je suis sans compagnie.
Par ma faute j'ai perdu mon ami;
Toute seule je traverserai le vert bocage
Je lui ferai savoir par un messager
que je suis prête à tout réparer.
Toute seule je traverserai le vert bocage
puisque je suis sans compagnie.

LXXV

Nul ne connaîtra le bonheur
  s'il n'aime.
Dame de haute valeur,
Nul ne connaîtra le bonheur
C'est votre ami
qui vous le dit.
Nul ne connaîtra le bonheur
  s'il n'aime.

LXXVI

Ouvrez-moi la porte, ma belle, ma douce amie,
ouvrez-moi la porte de votre petit pré.

Si m'aïst Dieus, ce n'est pas cortoisie;
Ovrez moi l'uis, bele tres douce amie
Ralez vos en, vos n'i enterroiz mie,
car mes mariz, li jalous couz, i est.
Ovrez moi l'uis, bele tres douce amie
ovrez moi l'uis dou petit praëlet.

LXXVII

Prendés i garde, s'on mi regarde!
S'on mi regarde, dites le moi.
C'est tout la jus en cel boschaige;
prendés i garde, s'on mi regarde
La pastourele i gardoit vaches :
« Plaisans brunete, a vous m'otroi! »
Prendés i garde s'on mi regarde!
S'on mi regarde, dites le moi.

LXXVIII

Soufrés, maris, et si ne vous anuit :
demain m'arés, et mes amis anuit.
Je vous deffenc k'un seul mot n'en parlés :
soufrés, maris, et si ne vous mouvés
La nuit est courte, aparmains me rarés,
quant mes amis ara fait sen deduit.
Soufrés, maris, et si ne vous anuit :
demain m'arés, et mes amis anuit.

LXXIX

Margot, Margot, greif sunt li mau d'amer,
 treduce Margot.

Pour Dieu, je vous en prie, vous êtes bien vilain.
Ouvrez-moi la porte, ma belle, ma douce amie
Allez-vous-en, vous n'entrerez pas,
car mon mari est là, le vilain cocu.
Ouvrez-moi la porte, ma belle, ma douce amie,
ouvrez-moi la porte de votre petit pré.

LXXVII

Prenez garde, si l'on me regarde!
Si l'on me regarde, dites-le-moi.
C'est là-bas, dans le bocage,
Prenez garde, si l'on me regarde
la pastourelle y gardait ses vaches :
« Brunette, ma jolie, je vous donne mon cœur. »
Prenez garde, si l'on me regarde!
Si l'on me regarde, dites-le-moi.

LXXVIII

Mari, un peu de patience, ne vous en faites pas :
demain, vous m'aurez, cette nuit, ce sera mon ami.
Pas un mot, je vous en prie :
mari, un peu de patience, ne bougez pas
la nuit est courte, demain je vous reviendrai
quand mon ami aura eu tout ce qu'il voulait.
Mari, un peu de patience, ne vous en faites pas :
demain, vous m'aurez, cette nuit, ce sera mon ami.

LXXIX

Margot, Margot, il est terrible le mal d'amour,
  très douce Margot.

Margot s'en sist sus la rive de mer;
– *Margot, Margot, greif sunt li mau d'amer* –
entre ses bras tint sun ami naufré
. . . .

Margot, Margot, greif sunt li mau d'amer,
  treduce Margot.

Et el li dist : « Ainmi, Diex, vos morez! »
– *Margot, Margot, greif sunt li mau d'amer!* –
« A ky lerrez vos borcs et vos cités?
  Lerrez a Margot? »
Margot, Margot, greif sunt li mau d'amer,
  treduce Margot.

**

LXXX. MAIN SE LEVA LA BIEN FAITE AELIS
Baude de la Quarière.

I. Main se leva la bien faite Aelis.

Vos ne savés que li loursegnols dit?
Il dist c'amours par faus amans perist.
  Voir se dist li lousegnols,
  Mais je di que cil est fols
  Qui d'amor se veut partir.

Fine amours loiaus
Est boene a maintenir.

Loial amor ai trovee,
Ne m'en partira riens nee.

Et pour çou que j'ai bone amor
Keudrai la violete au jour
  Sour la raime.

Margot est assise au bord de la mer
Margot, Margot, il est terrible le mal d'amour!
tenant entre ses bras son ami blessé

. . . .

Margot, Margot, il est terrible le mal d'amour
  très douce Margot

Et elle lui dit « Hélas! Dieu, vous vous mourez! »
Margot, Margot, il est terrible le mal d'amour!
« A qui laisserez-vous vos bourgs et vos cités?
  A Margot? »
Margot, Margot, il est terrible le mal d'amour
  très douce Margot.

***

I. De bon matin se leva Belle Aélis.

Vous savez ce que dit le rossignol?
Que l'amour se meurt par la faute des mauvais
Il dit vrai, le rossignol,   [amants.
et je dis, moi, qu'il est fou
celui qui veut renoncer à aimer.

Un bel amour loyal,
gardons-le bien.

L'amour loyal, je l'ai trouvé,
personne ne me fera l'abandonner.

Et comme j'ai un bel amour,
j'irai cueillir la violette au point du jour,
parmi la ramée.

Bien doit quellir violete
Qui par amours aime.

II. Bel se para et plus bel se vesti.

Vos avés bien le rousegnol oï?
Se bien n'amés, amors avés traï.
Mal ait ki le traïra!
Ki les dous maus sentira,
Bien li ert guerredoné.

Nus ne sent les maus s'il n'aime
U s'il n'a amé.

Je le sent,
La dolour sovent.

Et pour çou que j'ai bien amé
Amie ai a ma volenté,
Bele et jointe.

Amors ai a ma volenté,
Si m'en tien cointe.

III. Si prist de l'aigue en un doré bacin.

Li rousegnols nos dit en son latin :
Amant, amés, joie arés a tous dis.
Ki bien aime, joie atent,
Et ki d'amer se repent,
Ne poet joie recouvrer.

Ne vos repentés mie
De loiaument amer.

Dehait d'amer ne balera
Et ki ne se renvoisera!

Tant me plaist li deduis d'amor
C'oubliee en ai la dolour
    Et contraire

Qu'il cueille la violette,
celui qui aime d'amour.

    II. Avec soin elle s'apprêta, se vêtit encore mieux.

Vous avez bien entendu le rossignol?
Vous êtes traîtres à l'amour si vous ne gardez pas sa
Maudit soit qui le trahira!   [loi.
Qui vivra les douces épreuves de l'amour,
il lui sera beaucoup donné.

Ces maux, nul ne les éprouve
s'il n'aime ou s'il n'a aimé.

Cette douleur, souvent,
je la sens.

Et comme j'ai su aimer,
j'ai l'amie que je désire,
belle et gracieuse.

J'ai l'amour que je désire,
j'en suis tout content.

    III. Elle prit de l'eau dans un bassin d'or.

Le rossignol nous dit dans son latin :
Amants, aimez-vous, la joie sera toujours au
Qui aime bien peut espérer la joie,   [rendez-vous.
Qui se repent d'aimer, ne peut la retrouver.

Ne vous repentez pas
d'aimer loyalement.

Maudit soit celui que l'amour ne fera pas danser
et qui ne saura pas prendre du plaisir!

Tant me plaisent les délices de l'amour,
j'ai oublié les douleurs,
les tourments qui l'accompagnent.

Tant ai de joie a mon talent
Que je n'en sai que faire.

IV. Ses oex lava et sa bouche et son vis.

Buer fu cil nés ki est loiaus amis :
Li rousegnols l'en pramet paradis.
　　De ce sui liés et joians
　　C'ainc ne fui las ne restans
　　De souffrir douce dolours.

Il pert bien a mon viaire
Que l'aim par amors.

Vos ki d'amors vivés,
Paradis vos atent.

Se Diu plaist, jou i serai mis,
Car ja mais plus loiaus amis
　　Ne vivra.

Cascuns dit c'amours l'ocist,
Mais je sui ki garira.

V. Si s'en entra la bele en un gardin.

Li rousegnols un sonet li a dit :
Pucele, amés, joie arés et delit.
　　La pucele bien l'entent
　　Et molt debonairement
　　Li respont et sans orguel :

Sans amour ne sui je mie,
Ce tesmoignent mi oel.

Boen jour ait ki mon cuer a,
N'est pas od moi.

344

Je suis comblé de joie, au-delà de mes désirs.
Qu'en ferai-je?

IV. **Elle lava ses yeux, sa bouche et son visage**

Heureusement né qui a un cœur loyal!
Le rossignol lui promet le Paradis.
Cela me réjouit au plus haut point
car jamais je n'ai fui
la douce douleur.

A mon visage on voit bien
que j'aime d'amour.

Vous qui vivez en aimant,
le Paradis vous attend.

S'il plaît à Dieu, j'y aurai ma place
car jamais n'existera
ami plus loyal.

Chacun dit qu'il meurt d'amour,
moi, l'amour sera ma sauvegarde.

V. **La belle entra dans un jardin.**

Le rossignol cette chanson lui chanta :
Aimez, ma belle, joie et plaisirs s'ensuivront.
La belle l'entend bien,
elle lui répond gentiment,
sans faire la fière :

Je ne suis pas sans amour,
mes yeux le prouvent.

Qu'il soit heureux, celui qui a mon cœur!
Il n'est pas avec moi.

Pleüst Dieu ki ainc ne menti
Que li miens amis fust or ci
A sejour!

Se j'avoie une nuit d'amour,
Bien vauroie morir au jour.

Plût à Dieu qui jamais ne mentit
que mon ami fût ici,
auprès de moi!

Si je vivais une nuit, une seule nuit d'amour,
je pourrais mourir au point du jour.

ADAM DE LA HALLE

Arras fut au XIII° siècle une des villes les plus florissantes du royaume de France et elle vit se développer une vie littéraire intense, liée notamment à l'activité de la *Confrérie des jongleurs et des bourgeois d'Arras* et à une société littéraire locale, le *Pui,* qui organisait en quelque sorte la culture d'une bourgeoisie prospère. Adam de la Halle vécut en contact étroit avec ce milieu dont il est le représentant le plus brillant.

Né dans cette ville sans doute vers le milieu du XIII° siècle, Adam, si l'on en croit le *Jeu de la Feuillée,* aurait abandonné dans un premier temps ses études et son statut de clerc pour se marier; il aurait ensuite envisagé un séjour à Paris pour y parachever sa formation. Vers la fin de sa vie, il accompagna le comte d'Artois à Naples puis passa au service du frère de Saint-Louis, Charles d'Anjou, roi de Sicile. Il mourut entre 1285 et 1288.

Esprit brillant, fier de sa condition de clerc, Adam de la Halle, auteur du *Jeu de la Feuillée* et du *Jeu de Robin et Marion,* fut l'un des premiers grands écrivains de théâtre profane. Mais il fut aussi l'un des derniers trouvères, chantant les thèmes courtois dans des chansons monodiques tandis que ses jeux-partis se font l'écho de la vie poétique arrageoise et de ses joutes. Ses rondeaux et ses motets, qui le montrent fort savant dans l'écriture polyphonique, permettent de le compter parmi les grands musiciens de son époque.

LXXXI. RONDEAUX D'ADAM DE LA HALLE

1. *Je muir, je muir d'amourete,*
   Las, aimi!
   Par defaute d'amiete,
   De merchi.
A premiers le vi douchete;
Je muir, je muir d'amourete
D'une atraiant manierete
   Adont la vi,
Et puis le truis si fierete
   Quant li pri.
Je muir, je muir d'amourete,
   Las, aimi!
Par defaute d'amiete,
   De merchi.

2. *Li dous regars de ma dame*
Me fait esperer merchi.
Diex gart son gent cors de blame!
Li dous regars de ma dame
Je ne vi onques, par m'ame,
Dame plus plaisant de li.
Li dous regars de ma dame
Me fait esperer merchi.

3. *Hareu! li maus d'amer*
   M'ochist.
Il me fait desirrer,
Hareu! li maus d'amer
Par un douch regarder
   Me prist.
Hareu! li maus d'amer
   M'ochist.

Je meurs, je meurs d'amourette,
  Hélas, pauvre de moi!
Ma petite amie s'en est allée,
  Sans pitié.
Elle me parut d'abord toute douce;
Je meurs, je meurs d'amourette
  Hélas, pauvre de moi!
Elle était si avenante,
  Quand je la vis,
Et puis elle se montre si cruelle
  Quand je la prie.
Je meurs, je meurs d'amourette,
  Hélas, pauvre de moi!
Ma petite amie s'en est allée,
  Sans pitié.

Le doux regard de ma dame
Me fait espérer sa pitié.
Dieu la protège de tout blâme!
Le doux regard de ma dame
Jamais je ne vis, sur mon âme,
Dame plus charmeuse.
Le doux regard de ma dame
Me fait espérer sa pitié.

Au secours! Le mal d'aimer
  Me tue.
Il m'emplit de désir,
Au secours! Le mal d'aimer
Par un doux regard
  Je fus pris.
Au secours! Le mal d'aimer
  Me tue.

4. *A Dieu commant amouretes,*
   Car je m'en vois
Souspirant en terre estrange.
Dolans lairai les douchetes
   Et mout destrois.
A Dieu commant amouretes
   Car je m'en vois
J'en feroie roïnettes,
   S'estoie roys,
Comment que la chose empraigne.
A Dieu commant amoretes
   Car je m'en vois
Souspirant en terre estrange.

5. *Fi, maris, de vostre amour,*
   Car j'ai ami!
Biaus est et de noble atour,
Fi, maris, de vostre amour
Il me sert et nuit et jour,
   Pour che l'aim si.
Fi, maris, de vostre amour,
   Car j'ai ami!

6. *Dame, or sui traïs*
   Par l'ocoison
De vos iex qui sont privé laron.
Et par vo douch ris,
Dame, or sui traïs
Car il est assis
   Seur cuer felon,
Dont j'apel vos vis de traïson.
Dame, or sui traïs
   Par l'ocoison
De vos iex qui sont privé laron.

352

A Dieu je recommande mes amours,
  Car je m'en vais,
Soupirant, en terre étrangère.
Tout triste, je laisserai les belles
  Et plein de regret.
A Dieu je recommande mes amours
  Car je m'en vais.
Je les ferais reines
  Si j'étais roi
Quoi qu'il advienne.
A Dieu je recommande mes amours
  Car je m'en vais
Soupirant en terre étrangère.

Fi, mari, de votre amour
  Car j'ai ami!
Il est élégant et beau,
Fi, mari, de votre amour
Il m'honore la nuit le jour,
  C'est pourquoi je l'aime tant.
Fi, mari, de votre amour
  Car j'ai ami.

Dame, me voici pris
  Au piège
De vos yeux, ces voleurs.
Et par votre doux sourire,
Dame, je suis pris.
Car un cœur cruel
  L'inspire;
J'accuse donc votre visage de trahison.
Dame, me voici pris
  Au piège
De vos yeux, ces voleurs.

7. *Amours, et ma dame aussi,*
   Jointes mains vous proi merchi.
   Vo tres grant biauté mar vi,
   Amours et ma dame aussi
   Se n'avés pité de mi,
   Vo tres grant biauté mar vi.
   Amours, et ma dame aussi,
   Jointes mains vous proi merchi.

8. *Or est Baiars en la pasture,*
      Hure!
   Des deus pies defferrés,
   Des deus pies defferrés.
   Il porte souef l'ambleüre,
      Hure!
   Or est Baiars en la pasture
      Hure!
   Avoir li ferai couverture,
      Hure!
   Au repairier des pres,
   Au repairier des pres.
   Or est Baiars en la pasture,
      Hure!
   Des deus pies defferrés,
   Des deus pies defferrés.

9. *A jointes mains vous proi,*
   Douche dame, merchi.
   Lies sui quant je vous voi,
   A jointes mains vous proi
   Aiiés merchi de moi,
   Dame, je vous em pri.
   A jointes mains vous proi,
   Douche dame, merchi.

Amour, et vous aussi ma dame,
A mains jointes j'implore votre pitié.
Pour mon malheur j'ai vu votre très grande beauté,
Amour et vous aussi ma dame
Si vous n'avez pitié de moi,
Pour mon malheur j'ai vu votre très grande beauté.
Amour, et vous aussi ma dame,
A mains jointes j'implore votre pitié.

Voici Bayard dans la pâture,
   Hure!
Defferré des deux pieds,
Defferré des deux pieds,
Il va doucement l'amble,
   Hure
Voici Bayard dans la pâture
   Hure
Je lui ferai donner une couverture,
   Hure!
A son retour des prés,
A son retour des prés.
Voici Bayard dans la pâture,
   Hure!
Defferré des deux pieds,
Defferré des deux pieds.

A mains jointes, je vous prie,
   Douce dame, pitié!
Je suis heureux quand je vous vois,
A mains jointes je vous prie
Ayez pitié de moi,
Dame, je vous en prie.
A mains jointes je vous prie,
   Douce dame, pitié!

10. *Hé, Diex! quant verrai*
   Cheli que j'aim?
Certes, je ne sai.
Hé, Diex! quant verrai
De vir son cors gai,
   Muir tout de faim.
Hé, Diex! quant verrai
   Cheli que j'aim?

11. *Diex, comment porroie*
Sans cheli durer
Qui me tient en joie?
Elle est simple et coie;
Diex, comment porroie?
Ne m'en partiroie,
Pour les iex crever,
Se s'amours n'avoie.
Diex, comment porroie
Sans cheli durer
Qui me tient en joie?

12. *Trop desir a veoir*
   Che que j'aim.
Ne m'en puis remouvoir,
Trop desir a veoir
Et au main et au soir
   Me complain.
Trop desir a veoir
   Che que j'aim.

13. *Bone amourete*
   Me tient gai.
Ma compaignete,
Bonne amourete
Ma cançonete
   Vous dirai.

Ah, Dieu! quand la verrai-je,
  Celle que j'aime?
En vérité, je ne sais.
Ah, Dieu! quand la verrai-je?
De la voir si piquante,
  Je meurs de faim.
Ah, Dieu! quand la verrai-je,
  Celle que j'aime?

Dieu, comment pourrais-je
Me passer de celle
Qui réjouit mon cœur?
Elle est simple et tranquille;
Dieu, comment pourrais-je?
Je ne pourrais m'en détacher,
Dût-on me crever les yeux,
Même sans être aimé.
Dieu, comment pourrais-je
Me passer de celle
Qui réjouit mon cœur?

J'ai un désir ardent de voir
  Celle que j'aime.
Je ne peux m'en détacher,
J'ai un désir ardent de voir
Et au matin comme au soir
  Je me lamente.
J'ai un désir ardent de voir
  Celle que j'aime.

Bonne amourette
  Me rend gai.
Ma petite compagne,
Bonne amourette
Ma petite chanson
  Je vous chanterai.

Bonne amourete
    Me tient gai.

14. *Tant com je vivrai*
N'amerai autrui que vous.
Ja n'en partirai,
Tant com je vivrai
Ains vous servirai,
Loiaument mis m'i sui tous;
Tant com je vivrai
N'amerai autrui que vous

* *
*

RONDEAUX RELIGIEUX (anonymes)

LXXXII

Diex d'amours, pour coi ne muir
quant ce que j'ains ne m'adaigne?
A li sunt tuit mi desir,
4 *Diex d'amours, pour coi ne muir*
Sans merci me fait languir,
se ne m'en sai a cui plangne.
Diex d'amours, pour coi ne muir,
8 *quant ce que j'ains ne m'adaigne?*

LXXXIII

Dous Jhesus, pour vostre amour
guerpirai tout mon lignage,
je ne puis durer sans vous.

Bonne amourette
Me rend gai.

Tant que je vivrai
Je n'aimerai que vous.
Sans me détacher,
Tant que je vivrai
Je serai votre serviteur,
Je m'y suis engagé tout entier.
Tant que je vivrai
Je n'aimerai que vous.

⁂

LXXXII

Dieu d'amour pourquoi la mort ne vient-elle pas
quand l'objet aimé se montre si hautain?
Vers lui tendent tous mes désirs.
Dieu d'amour pourquoi la mort ne vient-elle pas
Sans pitié pour moi, il me fait languir
et je ne sais à qui confier ma peine.
Dieu d'amour, pourquoi la mort ne vient-elle pas
quand l'objet aimé se montre si hautain?

LXXXIII

Doux Jésus, pour l'amour de vous
j'abandonnerai tous les miens,
je ne peux vivre sans vous.

4 *Dous Jhesus, pour vostre amour*
  je vuel aler aprés vous,
  or daingniés que bien m'en vaigne.
  Dous Jhesus pour vostre amour
8 *guerpirai tout mon lignage.*

LXXXIV

Amereis mi vous, cuers dous,
a cui j'ai m'amour donnee?
Nuit et jour je pens a vous
4 *Amereis mi vous, cuer dous?*
Je ne puis durer sans vous,
vostre grant biauteis m'agreie.
Amereis mi vous, cuers dous,
8 *a cui j'ai m'amour donnée?*

LXXXV

Biaus Diex, porrai je venir
la ou mes cuers panse?
Je ne l'ai pas deservi;
4 *Biaus Diex, porrai je venir*
Se de moi n'avez merci,
j'en suis en doutance.
Biax Diex, pourrai je venir
8 *la ou mes cuers pense?*

Doux Jésus pour l'amour de vous
je veux marcher dans vos pas,
faites que j'en retire quelque bien.
Doux Jésus, pour l'amour de vous,
j'abandonnerai tous les miens.

LXXXIV

M'aimerez-vous, cœur plein de douceur
à qui j'ai donné mon amour?
Nuit et jour je pense à vous.
M'aimerez-vous, cœur plein de douceur
je ne puis vivre sans vous,
votre grande beauté me comble.
M'aimerez-vous, cœur plein de douceur
à qui j'ai donné mon amour?

LXXXV

Dieu de toute beauté, pourrai-je parvenir
là où mon cœur aspire?
Je ne l'ai pas mérité;
Dieu de toute beauté, pourrai-je parvenir
si vous n'avez pitié de moi,
je crains bien que non.
Dieu de toute beauté, pourrai-je parvenir
là où mon cœur aspire?

BALLETTES

LXXXVI. POR COI ME BAIT MES MARIS

Por coi me bait mes maris?
  Laisette!

Je ne li ai rien mesfait
Ne riens ne li ai mesdit
5 Fors c'acolleir mon amin
  Soulete.
Por coi me bait mes maris?
  Laisette!

Et s'il ne mi lait durer
10 Ne bone vie mener,
Je lou ferai cous clamer,
  A certes.
Por coi me bait mes maris?
  Laisette!

Or sai bien que je ferai
Et coment m'an vangerai :
Avec mon amin geirai,
  Nuëte.
Por coi me bait mes maris?
20 *Laisette!*

_

LXXXVII. AMORS NE SE DONNE,
MAIS ELLE SE VANT

Amors ne se donne, mais elle se vant :
Il n'est nuns ki soit ameis s'i n'ait argent.

Pourquoi mon mari me bat-il?
  Pauvre de moi!

Je ne lui ai rien fait,
je n'ai pas dit de mal de lui!
Je n'ai fait qu'embrasser mon ami
  quand j'étais toute seule.
Pourquoi mon mari me bat-il?
  Pauvre de moi!

Et s'il m'empêche de continuer
et de vivre ma vie,
je le ferai traiter de cocu,
  c'est sûr!
Pourquoi mon mari me bat-il?
  Pauvre de moi!

Je sais ce que je vais faire
et comment je vais me venger :
je coucherai avec mon ami,
  toute nue.
Pourquoi mon mari me bat-il?
  Pauvre de moi!

*_**

Amour ne se donne pas, il se vend :
nul n'est aimé s'il n'a pas d'argent.

C'il est un viellars pansus, tezis devant,
Et k'il ait esté truans tot son vivant,
5 C'il ait aikes a doner, on i antant,
Et l'autre lait on aler, qui point n'i tant.
Amors ne se donne, mais elle se vant :
Il n'est nuns ki soit ameis s'i n'ait argent.

Ceu puet on moult bien prover certainnement,
10 Car il n'est nuns ki ainme loialment,
C'il n'ait pooir de doneir, ki puist niant
An amor monteplïer de son talant.
Amors ne se donne, mais elle se vant :
Il n'est nuns ki soit ameis s'i n'ait argent.

15 Leaulteis est tote morte simplement
An feme : s'on li aporte, elle lou prant.
Qui n'ait riens, voist a la porte avuelz lou vant;
Ensi desoivent les femes bone gent.
Amors ne se donne, mais elle se vant :
20 *Il n'est nuns ki soit ameis s'i n'ait argent.*

*   *   *

LXXXVIII. LI HONS FAIT FOLIE

Li hons fait folie
qui cude estre ameis,
et il ne l'est mie.

C'est trop dure conpaignie
5 de feme, coi ke nuns die;
trop est folz ki tant s'i fie
k'il ne s'an puet departir,

Soit un vieillard gras et pansu
ayant été truand tout son vivant;
s'il a quelque chose à donner, on le trouve séduisant,
l'autre est délaissé, qui ne peut en faire autant.
Amour ne se donne pas, il se vend :
nul n'est aimé s'il n'a pas d'argent.

Cela est bien facile à prouver :
qui aime loyalement
n'a aucune chance, s'il n'a rien à offrir,
de venir à bout de son désir.
Amour ne se donne pas, il se vend :
nul n'est aimé s'il n'a pas d'argent.

La probité est morte, tout simplement,
chez la femme : ce qu'on lui tend, elle le prend;
qui n'a rien peut s'en aller avec le vent.
Ainsi les femmes trahissent les honnêtes gens.
Amour ne se donne pas, il se vend :
nul n'est aimé s'il n'a pas d'argent.

*
* *

L'homme est bien fou
qui croit être aimé
alors qu'il ne l'est pas.

C'est une épreuve, la compagnie
d'une femme, quoi qu'on die!
Bien fou qui s'y fie :
plus possible de s'en dégager,

de mavais loiens se lie.
      Li hons fait folie
10   *qui cude estre ameis,*
      et il ne l'est mie.

      Je l'appeloie m'amie,
   mon cuer, ma mort et ma vie;
   car je ne cudoie mie
15 k'ele me dëust traïr,
   mais elle ait non « folz c'i fie ».
      Li hons fait folie
      qui cude estre ameis,
      et il ne l'est mie.

20   Conpaignon, de conpaignie,
   por Deu! ne les croieis mie,
   c'est bairas et tricherie,
   vos ne porïez santir
   nule plus poignant ortie.
25   *Li hons fait folie*
      qui cude estre ameis,
      et il ne l'est mie.

                  ⁎⁎

LXXXIX. JE PERT TOT LOU SANT DE MOI

      Je pert tot lou sant de moi,
   amie, cant je vos voi
   et avoir je ne vos puis.

      Douce dame cui j'ain tant,
5 on nous vait si pres gaitant,

l'affaire est bien mal engagée.
  L'homme est bien fou
  qui croit être aimé
  alors qu'il ne l'est pas.

  Je l'appelais ma mie,
mon cœur, ma mort et ma vie;
je ne croyais pas
qu'elle pût me trahir;
il faut pourtant la nommer : « fou qui s'y fie! »
  L'homme est bien fou
  qui croit être aimé
  alors qu'il ne l'est pas.

  Camarades, ne pensez pas
qu'on peut les fréquenter :
elles ne sont que ruses et tromperies,
et on s'y pique encore plus
qu'aux orties.
  L'homme est bien fou
  qui croit être aimé
  alors qu'il ne l'est pas.

*
**

Toutes mes forces m'abandonnent,
amie, quand je vous vois
sans pouvoir vous avoir à moi.

  Douce dame que j'aime tant,
on nous surveille de bien près,

mais ce n'est fors ke pourtant
c'on ce fordoute de moi,
et aimander je nou puix.
Je pert tot lou sant de moi,
10 *amie, cant je vos voi*
et avoir je ne vos puis.

Je ne dezir nut ne jor
fors ke le parleir a vous,
mais vos maris, li jallous,
15 il m'ait mis en teil effroi :
je li neurai, se je puix.
Je pert tot lou sant de moi,
amie, cant je vos voi
et avoir je ne vos puis.

20 Blondette plainne d'onour,
de leaul cuer par amour
vous servirai nuit et jor.
Contredire ne vous doi,
car vos loialz amins suix.
25 *Je pert tot lou sant de moi,*
amie, cant je vos voi
et avoir je ne vos puis.

*_***_***

XC. COUSTUMIER SUIX DE CHANTEIR.

Coustumier suix de chanteir
Por la joie c'aperer
Me fait ma dame an bien amer :
   C'est bon

mais c'est tout simplement
qu'on me redoute
et je sais y remédier.
Toutes mes forces m'abandonnent,
amie, quand je vous vois
sans pouvoir vous avoir à moi.

   Nuit et jour je n'ai qu'un désir,
celui de vous parler,
mais votre mari, le jaloux,
m'a mis dans un tel état que, si je peux, je lui
                                              [nuirai.

Toutes mes forces m'abandonnent,
amie, quand je vous vois
sans pouvoir vous avoir à moi.

   Ma blonde vénérée,
d'un cœur loyal, avec amour,
je vous servirai nuit et jour.
Je ne dois pas vous contrarier
car je suis votre loyal ami.
Toutes mes forces m'abandonnent,
amie, quand je vous vois
sans pouvoir vous avoir à moi.

*   *
* *

Je suis coutumier de chanter
pour dire la joie que m'apporte
ma dame grâce à son amour.
   Il est bon

5 *Que je face sans demorer*
   Chanson.

Jai de celi desevrer
Ne kier mon cuer, ke doubler
Me fait ma joie an bien müer :
10 *C'est bon*
   Que je face sans demorer
      Chanson.

Or me dont Deus si ovrer
Ke je puxe recovrer
15 Joie d'amor et recorder :
      C'est bon
   Que je face sans demorer
      Chanson.

***

XCI. QUANT JE VING EN CESTE VILLE

Quant je ving en ceste ville,
Je n'avoie point d'amie,
Mais or l'ai jolie,
Malgreit mexdisant.
5 *Tout ansi vait qui aimme jolïetement.*

Honis soit la janglerie
Qui depairt amin d'amie!
De Deu soit malditte
Et de toutes gens!
10 *Tout ansi vait qui aimme jolïetement.*

de faire sans plus tarder
  une chanson.

Jamais mon cœur ne songe
à la quitter car ma joie
a doublé depuis qu'il est comblé.
  Il est bon
de faire sans plus tarder
  une chanson.

Que Dieu fasse en sorte
que je puisse obtenir la joie d'aimer
et en garder le souvenir!
  Il est bon
de faire sans plus tarder
  une chanson.

***

Quand je vins dans cette ville,
je n'avais point d'amie.
Maintenant j'en ai une jolie,
en dépit des médisants.
Il en est ainsi quand l'amour vous rend gai.

Honnies soient les langues perfides
qui séparent les amants!
Qu'elles soient maudites de Dieu
et du monde entier!
Il en est ainsi quand l'amour vous rend gai!

Or n'est il si bone vie
com d'ameir, kai ke nuns die,
et d'useir sa vie
amerouzement.
15 *Tout ansi vait qui aimme loiaulment.*

* * *

XCII. CHANSONETE M'ESTUET FAIRE

Chansonete m'estuet faire
De vos, simple debonaire.
Vos poeis vostre amin faire,
S'i vos plait, de mi.
Faites ansi se vireli,
6 *Faites ansi!*

N'est nuns qui seüst ke dire
An la belle bien aprise;
Nes mesdixans plains d'envie
Dient bien de li.
Faites ansi se vireli,
12 *Faites ansi!*

Baicheleirs qui vuelt amie
Ne doit panceir vilonie,
Mais amer sanz tricherie
De fin cuer joli.
Faites ansi se vireli,
18 *Faites ansi!*

Rien n'est plus agréable
que d'aimer, quoi qu'on die,
et de passer sa vie
à être amoureux.
Il en est ainsi quand l'amour est loyal!

*   *
*

Je veux faire une chanson
pour vous, ma douce et si gentille amie.
Vous pouvez faire de moi votre ami,
si cela vous agrée.
Faites-le ainsi, ce vireli,
faites-le ainsi!

Personne ne peut rien reprocher
à la belle si raffinée;
même les médisants pleins de jalousie
disent du bien d'elle.
Faites-le ainsi, ce vireli,
faites-le ainsi!

Un jeune homme qui veut une amie
ne doit pas céder à de mauvais penchants
mais aimer avec loyauté,
d'un cœur ardent.
Faites-le ainsi, ce vireli,
faites-le ainsi!

ESTAMPIES

L'estampie, en occitan *estampida,* peut être d'abord considérée comme une forme lyrico-chorégraphique. Six *estampidas* occitanes nous ont été conservées. La plus célèbre est celle de Raimbaut de Vaqueiras, *Kalenda Maya,* dont les paroles auraient été ajoutées à une estampie instrumentale française. Le terme estampie désigne en effet également une forme de musique instrumentale dépourvue de parole, destinée ou non à la danse, et comprenant une ou deux parties de forme *aa bb...*

Par ailleurs, on trouve en langue d'oïl, sous le nom d'estampie – telle est du moins la dénomination que donne le seul manuscrit qui nous les a conservées, le manuscrit d'Oxford – des compositions poétiques dépourvues de musique et dépourvues sans doute de fonction chorégraphique. Développant la thématique courtoise, elles se caractérisent par l'hétérométrie, l'hétérostrophie et cette souplesse, cette variété, cette absence de forme définie, les apparentent aux lais.

Le texte des estampies a été établi d'après le ms. *I* et l'édition Streng-Renkonen.

XCIII. ONKES TALENT

I. Onkes talent
De faire chant
Ne me fust pris,
Mien essiant.
5 Ce ma dame ne fust cui j'aime tant.
A li mi rent
Entierement;
Elle m'ait mis
Estroitement
10 An ces liens, qui me vont destrainant.

II. Et bone amor me vait si justisant
Ke je ne voi an mi confortement.
Se vos pitiez ne m'aleiz deffendant,
14 Mar cru mes ieus ki me firent menant.

III. Si biau samblant
Et atraiant
Ont de mon cors fait mon cuer desevrant,
Et si vairs eus et sai boche riant
19 Au baiziers dezirant.

Blonde avenant,
Merci demant,
Ne refuzeis vostre loial amant.
De vos servir nuns jors ne me repent,
24 Si m'alegiez, c'il vos plait, mon torment.

* *

Jamais
je n'aurais eu,
me semble-t-il,
désir de chanter
sans ma dame que j'aime tant.
A elle, je me rends
entièrement;
elle m'a serré
étroitement
dans ces liens qui m'entravent.

Et bonne amour m'impose sa loi
sans que je trouve en moi de consolation.
Si votre pitié ne me secourt,
j'ai cru, pour mon malheur, mes yeux qui me rendirent
[esclave.

La beauté de son visage,
si attirant,
a arraché mon cœur à mon corps,
et ses yeux pers et sa bouche riante,
offerte aux baisers.

Aimable blonde,
j'implore votre pitié;
ne rejetez pas votre loyal amant.
Jamais je n'ai regret de vous servir,
alors, s'il vous plaît, allégez mon tourment.

***

XCIV. QUANT VOI LA VERDURE

    I. Quant voi la verdure,
    Lou tens bel et cleir,
    Ces oixiaz chanteir
      A l'anjorneir,
5 Ke passee est froidure
    Et ke fait Nature
    Ces boix bouteneir,
    Foille et flor porteir
      Et coloreir
10 An diverce pointure,

    Lors metrai ma cure
    An dous son troveir.
    C'est por esproveir
      Ce recovreir
15 Poroie anvoixeüre.
    Se mes cuers andure
    Les dous malz d'ameir,
    N'an fait a blaismeir,
      Car sans ameir
20 Nuns jolis cuers ne dure.

    II. A vos me rant,
    Belle au cors gent
    Et avenant.
24 An vos sont tuit biens a mien essiant,
    Ni faut fors ke tant
    Ke longuement
27 Vos truix enver moi dure.

    Et nonporcant
    Tout mon vivant,
    Ce vos creant,

Quand je vois reverdir le monde
par un temps clair et beau,
quand les oiseaux chantent,
au lever du jour,
passée la froidure,
quand la nature
fait bourgeonner les bois,
et les charge de feuilles et de fleurs,
broderie
aux mille couleurs,

je veux alors mettre tous mes soins
à inventer un chant plein de douceur.
Ainsi saurai-je
si je peux encore
goûter aux plaisirs.
Si mon cœur endure
le doux mal d'aimer,
pourquoi l'en blâmer?
Sans amour,
cœur voluptueux ne pourrait survivre.

Je me rends à vous,
belle au corps gracieux,
pleine de séduction.
En vous sont réunies, je le sais, toutes perfections,
si ce n'est que,
depuis bien longtemps,
vous vous montrez envers moi intraitable.

Malgré tout,
ma vie durant
je vous le jure,

31 Vos servirai de fin cuer loiaulment,
  C'an dame saichant
  Trueve on sovent
34 Et pitiet et mesure.

  III. Trop me demouret
La grant joie c'atant d'Amors.
   Se de vos
  Je n'ai prochien secours,
39 Tres douce creature,

  An ceste ardure
Croi ke morrai tous a estrous.
   Par mon loz
  Me suis mis et ancloz,
  (Bien dire l'oz),
45 An morteil aventure.

  IV. Belle a desmesure,
Gente et de net ator,
48   Sans retor
  M'aveis mis en teil tor,
K'en muir, se ceste dolor
51 Mercis ne m'aseüre.

  Biauteis fine et pure
Et de dames lai flour,
54   Par dousour
  Vos pri c'un tout soul jour
Puisse awelz vos a sejor
57 Soulacier et desdure.

je vous servirai en amant fidèle :
auprès d'une dame douée de sagesse,
on trouve souvent
une juste pitié.

Je languis cruellement
dans l'attente de la joie d'amour.
Si vous,
vous ne me secourez pas bien vite,
très douce créature,

de cette brûlure
je mourrai, j'en suis sûr, sans autre recours.
De mon plein gré pourtant,
je me suis jeté,
je peux bien le dire,
en mortelle aventure.

Belle entre toutes les belles,
pleine de grâce et de noblesse,
décidément
vous m'avez mis en un tel émoi
que je mourrai si ma douleur
ne peut m'assurer de votre pitié.

Pure et incomparable beauté,
de toutes dames la souveraine,
humblement
je vous prie qu'un jour, un seul,
je puisse auprès de vous
goûter quelques plaisirs.

CHOIX DE
TRANSCRIPTIONS MUSICALES

A la différence du répertoire de la musique des troubadours, qui n'est constitué que de 260 mélodies, alors qu'il nous reste 2 500 poèmes en langue d'oc, celui de la musique des trouvères est beaucoup plus riche, puisque, pour 2 130 poèmes, 4 000 mélodies ont été conservées, ce chiffre incluant, bien entendu, les variantes d'un manuscrit à l'autre, ainsi que les versions similaires figurant dans plusieurs sources différentes.

La plupart de ces manuscrits datent de la fin du XIIIe siècle ou du début du XIVe, ils présentent donc un décalage d'une cinquantaine d'années pour certaines pièces, d'une vingtaine pour les plus récentes, par rapport au manuscrit original du compositeur.

Il découle de ce fait un certain nombre d'incertitudes, une même chanson pouvant figurer dans cinq ou six manuscrits avec des mélodies divergentes. D'autre part, la notation du rythme a évolué de l'absence totale de notation à l'indication des valeurs de durée selon le système modal; là encore, les variantes peuvent être importantes et il est difficile, dans les transcriptions, de se rapprocher avec certitude de l'état primitif du texte.

Pour les *grands chants* et, éventuellement, leurs contrafactures religieuses, ainsi que pour la chanson de croisade *Seigneurs, sachiez...* nous avons utilisé les transcriptions proposées par Hendrik Van der Werf, dans son édition *Trouvères-Melodien* (op. cit). Les textes y sont regroupés auteur par auteur, toutes les mélodies existantes étant reproduites les unes sous les autres, vers par vers. Nous donnons un exemple de ce procédé avec la pièce de Gace Brulé, *Les oiselez de mon païs...* (p. 44). Le reste du temps, nous reproduisons la version retenue sous les paroles par l'auteur.

Cette édition propose la transcription la plus satisfaisante actuellement, en ce qui concerne le rythme. Trop longtemps, en effet, les musicologues ont voulu enfermer ces mélodies dans le carcan d'une mesure qui les brisait, adaptant pour les transcrire, et souvent en forçant les textes, les modes rythmiques utilisés pour l'écriture de la musique polyphonique du XIIIe siècle. Or, la plupart des manuscrits présentent une notation carrée non mesurée (sauf *O* et *T* qui suivent la notation modale dite préfranconienne mais pas toujours de façon cohérente, une même chanson pouvant se trouver ici non mesurée, là copiée selon un mode et ailleurs selon un autre!). La solution adoptée par H. Van der Werf ne masque pas l'indétermination quant à l'expression des valeurs de durée et elle a l'avantage de proposer une musique *non ite precisamente mensurata,* à laquelle le théoricien Jean de Grouchy fait allusion à la fin du XIIIe siècle.

Selon les principes adoptés par l'auteur, la mélodie est transcrite à l'aide de noires disposées sur la portée, les pliques sont indiquées par le signe ' ou '.

Pour le *Lai d'Iseut,* nous avons donné trois strophes selon l'édition de Ruth Steiner *(op. cit.);* les autres strophes, qui ne présentent que des variantes mineures, ne figurent pas ici.

Hans Tischler, dans son ouvrage *Chanter m'estuet (op. cit.),* propose une façon habile de transcrire les mélodies en musique mesurée. Nous en proposons quatre exemples, hors du domaine du Grand Chant, une chanson de croisade : *seigneurs saichies...*: les deux reverdies *En Avril au temps pascour* (p. 412) et *Volez vos que je vos chanz* (p. 413) ainsi que la pastourelle *Huis mais par un ajornant* (p. 417).

Les mélodies des chansons de toile reprennent les transcriptions de Gérard Le Vot, dans l'édition des *Chansons de toile* de Michel Zink *(op. cit.)*.

Les rondeaux polyphoniques d'Adam de la Halle, enfin, sont transcrits d'après l'excellente édition de N. Wilkins *(op. cit.)* Notons toutefois la remarque de Gérard le Vot, dans son article *Pour une épistémologie...* (op. cit.) : l'absence de précaution de la part de l'éditeur qui ne précise pas que les clefs de fa des documents n'impliquent aucunement une tessiture de baryton, risque de conduire un lecteur non averti à un contre-sens total sur la musique médiévale.

L'interprète, homme ou femme, chantait à voix haute et claire en s'accompagnant d'un instrument, un luth, une vielle, dont la musique n'est pas notée. Il pouvait encadrer la chanson d'un prélude et d'un postlude.

---

1. Quelques variantes peuvent apparaître entre le texte de la transcription littéraire et celui des paroles de la transcription musicale quand des manuscrits différents ont été choisis dans l'un et l'autre cas.

SIGLES DES MANUSCRITS CITÉS

A		Arras, Bibl. mun. 657.
B		Berne, Stadtbibliothek, ms. 231.
F		Londres, Brit. Mus. Egerton 274.
I		Oxford, Bibl. Bodl. Douce 308.
K		Paris, Bibl. Arsenal 5198.
M	et M'	Paris, Bibl. Nat. Fr. 844.
N		Paris, Bibl. Nat. Fr. 845 (Ms. Cangé).
O		Paris, Bibl. Nat. Fr. 846 (Ms. Cangé).
P		Paris, Bibl. Nat. Fr. 847.
R		Paris, Bibl. Nat. Fr. 1591.
T		Paris, Bibl. Nat. Fr. 12615.
U		Paris, Bibl. Nat. Fr. 20050.
V		Paris, Bibl. Nat. Fr. 24406.
W		Paris, Bibl. Nat. Fr. 25566.
X		Paris, Bibl. Nat. nouv. acq. Fr. 1050.
Z		Sienne, Bibl. Ville, H.X. 36.
a		Rome, Vat. Reg. 1490.
j		Paris, Bibl. Nat., nouv. acq. fr. 21677.

GRANDS CHANTS

BLONDEL DE NESLE

Li rossignous a noncié la nouvele

GACE BRULE

Au renouvel de la douçour d'esté

Contrafacture : Chançon ferai, puis que Dieu m'a doné.

1. Au re—nou—vel de la dou—cour d'es—té,

1. Chan—con fe—rai, puis que Diex m'a do—né

2. Que res—clar—cist la bois par la fon—tain—ne

2. Gra—ce que j'ai lais—sié toute a—mor vai—ne,

3. Et—tuit sunt vert bois et ver—gier et pré

3. Si me re—pent que tant ai de—mo—ré

4. Et li ro—siers en mai flo—rist et grain—ne,

4. En fo—li—e, ou il n'a fors que pai—ne.

389

M

5. Lors chan—te—rai, quar trop m'a—vra gre—vé

X

5. Or me[re]qart et voi trop be—ftor—né

M

6. Ire et ef—mais que j'ai au cuer pro—chain—ne

X

6. Tout le fie—cle, ceus que fole a—mor mai—ne

M

7. Et fins a—mis a tort o—choi—fo—nez,

X

7. Je le vos' di por Ga—ce le Brul—lé

M

8. Eft mout fou—vent de le—gier ef—fre—ez.

X

8. Af—fez, chan—ta dont Dex ne li fet gré.

390

GACE BRULE

De bone amour et de leal amie

Contrafacture : Même incipit.

M 5. por quant s'a — mours ne me veut plus sou — frir

j 5. Et de — mou — rer neuf mois, sans rien fa — lir,

M 6. Qu'e — le de touz ne face a son plai — sir

j 6. Pour nous fai — re de la pri — son is — sir

M 7. Et de tou — tes, maiz ne puet a — ve — nir

j 7. U nos pe — res A — dans nous fist ca — ïr

M 8. Que de la moie ai — e bone es — pe — ranc — e.

j 8. Et sa mol — lier E — ve par i — gno — ran — ce.

GACE BRULE

Les oiseillons de mon païs

1. Les oi — seillens de mon pa — ïs

2. Ai o — ïs en Bre — taig — ne.

3. A lor chans m'est il bien a — vis

4. Qu'en la dou — ce Cham — paig — ne

5. Les o — ï ja — dis,

6. Se n'i ai mes — pris.

7. Il m'ont en si douz penser mis

8. Qu'a chan — çon fai — re me sui pris

396

9. Tant que je pa — ra — taig — ne

10. Ceu qu'A- mours m'à toz jors pro — mis.

GAUTIER DE DARGIES

La gent dient pour coi je ne faiz chanz

1. La gent di—ent pour coi je ne faiz chanz

2. Pluz le—giers et meil—leurs a re—te—nir;

3. Maiz ne se—vent qu'A—mours me fait sen—tir:

4. Quar de ce—lui dont l'a—mours est plus granz

5. Con—vient mou—voir les chanz fors et pe—sanz;

6. Qui mainz ai—me, De lui con—vient ve—nir

7. Les fe—bles chanz que chas—cuns puet fur—nir;

8. Qui ne le set, de—mant le as fins a—mans,

9. S'a—mours est si ver—tu—euse et pois—sanz.

LE CHATELAIN DE COUCY

La douce voiz du louseignol sauvage

1. La dou—ce voiz du lou—sei—gnol sau—va—ge

2. Qu'oi nuit et jour coin—toi— er et ten—tir

3. M'a—dou—cist si le cuer et raf—fou—a—ge

4. Qu'or ai ta—lent que chant pour es— bau—dir;

5. Bien doi chan—ter puis qu'il vient a plai—fir

6. Ce — le qui j'ai fait de cuer lige ho — ma — ge;

7. Si doi a — voir granf joie en mon co — ra — ge,

8. S'è — le me veut a fon oez re — te — nir.

LE CHATELAIN DE COUCY

Mout m'est bele la douce conmençance

7. Ma be — le perte u ma hau—te ri—chour,

8. ne sai le—quel, s'en ai joie et pa—our,

9. Si que sou—vent chant la u du cuer plour,

10. Car lons res—pis m'es—maie et mes—che—an—ce.

THIBAUT DE CHAMPAGNE

Ausi comme unicorne sui

1. Au — si conme u — ni — cor — ne sui

2. Qui s'es — ba — hist en re — gar — dant,

3. Quant la pu — ce — le va mi — rant.

4. Tant est li — ë de son en — nui,

5. Pas — mé — e chiet en son gi — ron,

6. Lors l'o — cit on en tra — ï — son.

7. Et moi ont mort d'au — tel sen — blant

8. A — mors et ma da — me por voir:

9. Mon cuer ont, n'en puis point a — voir.

THIBAUT DE CHAMPAGNE

Tout autresi con l'ente fet venir

1. Tout au — tre — si con l'en — te fet ve — nir

2. Li ar — rou — sers de l'e — ve qui chiet jus,

3. Fet bone a — mor nestre et croistre et flo — rir

4. Li ra — men — brers par cous — tume et par us.

5. D'a—mors loi—al n'ierf ja nus au de—fus;

6. Ainz li cou—vient au de—fouz main—te—nir.

7. Por c'eft ma dou—ce do—lor

8. Plai—ne de fi grant po—or,

9. Da—me, fi faz grant vi—gor

10. De chan—ter, quant de cuer plor.

LE LAI D'YSEUT *

1. Li so-laus luist et clers et biaus
Et j'oi le dous chant des oisiaus
Ki can-tent par ces ar-bri-siaus
En-tour moi font leur can nou-viaus:

13. Quant je re-cort i-ce-le vi-e
Dont j'ai o-re si grant en-vi-e
jou di que boin nee est l'a-mi-e
Ki es bras son a-mi de-vi-e

* Vienne, Bibliothèque nationale, cod. 2542.

8. 31. A—mis bien est droisi que jou sen—te
Pour vous la mort, je voi la sen—te
De la mort ki a moi s'as—sen—te
Que plus vi—ve, diex nel con—sen—te.

CHANSONS DE CROISADE

LE CHATELAIN DE COUCY

A vous, amant, plus k'a nulle autre gent

Contrafacture anonyme : Li Chastelains de Coucy
ama tant.

M
1. A vous, a—mant, plus k'a nulle au—tre gent,

K
1. Li chas—te—lains de Cou—cy a—ma tant

M
2. Eſt bien) rai—ſons que ma do—leur com—plai—gne,

K
2. Qu'ainz por a—mor nus n'en ot do—lor grain—dre;

M
3. Quar il m'eſ—tuet par—tir ou—tre—e—ment

K
3. Por ce fe—rai ma com—plainte en ſon chant,

M
4. Et deſ—ſe—vrer de ma loi—al com—pai—gne;

K
4. Que ne cuit pas que la moi—e ſoit main—dre.

408

M: 5. Et quant l'i pert, n'est rienz qui me re—mai—gne;

K: 5. La mort mi fet re—gre—ter et com-plain-dre

M: 6. Et sa—chiez bien, a—mours, se—u—re—ment,

K: 6. Vos—tre cler vis, bele, et vos—tre cors gent;

M: 7. S'ainc nuls mo—rut pour a—voir cuer do—lent,

K: 7. Mor—te vos ont frere et mere et pa—rent

M: 8. Dont n'iert par moi maiz me—us vers ne laiz,

K: 8. Par un tres fol de—se—vre—ment mau—vés.

409

THIBAUT DE CHAMPAGNE

Seigneurs, sachiez, qui or ne s'en ira

Seignor, sachies qui or ne s'en ira
(Transcription mesurée selon H. Tischler)

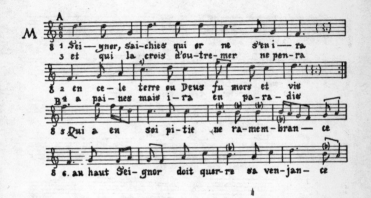

1 Seignor, sai-chies qui or ne s'en i — ra
3 et qui la crois d'ou-tre-mer ne pen-ra
2 en ce — le terre ou Deus fu mors et vis
4 a pai-nes mais i-ra en pa-ra-dis
5 Qui a en soi pi-tie ne ra-mem-bran — ce
6 au haut Sei-gnor doit quer-re sa ven-jan — ce

REVERDIES

En avril au tens pascour

K

¹En a-vril au tens pa-scour,
³l'a-lo-ete au point du jour

² que seur l'er-be nest la flor
⁴ chan-te par mult grant bau— dor

⁵ Pour la dou-çor du tens nou-vel,
⁷ s'o — i chan-ter sor l'ar-broi-sel

⁶ si me le-vai par un ma-tin,
⁸ un oi-se-let   en son la-tin

⁹ Un pe— tit me soz-le-vai   pour es-gar-der sa fai-tu-re
¹⁰ Ne soi mot que des oi-siaus

vi ve-nir a des-me-su-re.

¹¹ Je vi l'o-ri-ou ¹²et le ro-si-gnou,

¹³ si vi le pin-çon ¹⁴et l'es-me-ril-lon,

¹⁵ Deus! ¹⁶et tant des au-tres oi-siaus, de quoi je ne sai pas le nom,

¹⁷ qui sor cel ar—bre s'as-si-stent et com-men-cent lor chan-çon.

412

Volez vos que je vous chantz

1 Vo - lez vos que je vous chantz 2 un son d'a mors a-ve-nant
3 vi làin ne fist mie — 4 ainz le fist un che-va-lier
5 souz l'ombre d'un o - li - vier
6 en-tre les braz s'a-mi - e

CHANSONS DE TOILE

Bele Doette as fenestres se siet

Be - le Do - ette as fe - nes - tres se siet.

Lit en un li - ere, mais au cuer ne l'en - tient:

De son a - mi Do - on li re - so - vient,

Q'en au - tres ter - res est a - lez tor - noi - er

E , or en ai dol!

En un vergier lez une fontenele

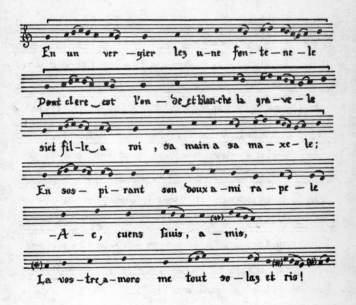

En un ver —gier lez u-ne fon—te—ne—le

Dont clere est l'on —de et blan-che la gra—ve— le

siet fil-le a roi , sa main a sa ma — xe— le;

En sos — pi— rant son doux a —mi ra —pe — le

—A — e, cuens Guis, a —mis,

La vos-tre a-mors me tout so —laz et ris!

Au novel tans pascour que florist l'aubeespine

PASTOURELLE

Hui main par un ajornant

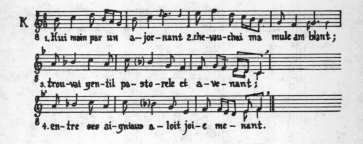

1. Hui main par un a—jor—nant 2. che—vau—chai ma mule am blant;
3. trou—vai gen—til pa—sto—rele et a—ve—nant;
4. en—tre ses ai—gniaus a—loit joi—e me—nant.

No 1   ADAM DE LA HALLE   RONDEAUX *

6,11. Je muir, je muir d'a - mou - re - te, Las! ai - mi!
5. A pre - miers la vi - dou - che - te;
7. D'une a - trai - ant ma - nie re - te

6,11 Je muir, je muir d'a - mou - re - te, Las! ai - mi!
5. A pre - miers le vi - dou - che - te; 8. Adont le vi,
7. D'une a - trai - ant ma - nie re - te

6,11 Je muir, je muir d'a - mou - re - te, 2,12.Las! ai - mi!
5. A pre - miers le vi - dou - che - te; 8.Adont le vi,
7 D'une a - trai - ant ma - nie re - te

* Manuscrit : Paris, Bibl. Nat., fr. 25 566 (La Vallière 2 736).

1,4,7. Li dous re-gars de me Da-me 2,8.Me fait es-pe-rer mer-chi;
3. Diex gart son gent cors de bla-me!
5. Je ne vi on-ques, par m'a-me. 8.Da-me plus plai-sant de li.

1,4,7. Li dous re-gars de me Da-me 2,8.Me fait es-pe-rer mer-chi;
3. Diex gart son gent cors de bla-me!
5. Je ne vi on-ques, par m'a-me. 6.Da-me plus plai-sant de li.

1,4,7. Li dous re-gars de me Da-me 2,8.Me fait es-pe-rer mer-chi.
3. Diex gart son gent cors de bla-me!
5. Je ne vi on-ques, par m'a-me. 6.Da-me plus plai-sant de li.

No 4

1,8,11. A Dieu com — mant a — mou — re — tes, 2,7,12. Car je m'en vois.
4. Po — lans lai — rai les bou — che — tes 5. Et mont des — trois.
8. J'en fe — roi — e ro — i — ne — tes 9. S'es — toi — e roys;

3,13.
10. Sous — — pi — rant en la terre es — train — ge.
Com — — ment que chose em — prai — gne,

3,13.
10. Sous — — pi — rant en la terre es — train — ge.
Com — — ment que chose em — prai — gne;

3,13
10. Sous — pi — rant en terre es — train — ge.
Com — — ment que la chose em — prai — gne.

No 5

7.   fi, ma - ris, de vostre a - mour, 2,8. Car j'ai a - mi!
3. Biaus est, et   noble a - tour;   6. Pour che l'aim si.
5. Il me sert et nuit et jour;

1,6,11. Or est Bai — ars en la pas — tu — re,
5. Il por — te sou — ef l'am — blë — u — re;
7. A — voir li — fe — rai cou — ver tu — re;

deus piés def – fer – – rés.
re – pai – rier des prés.
deus piés def – fer – – rés.
re – pai – rier des prés.
deus piés def – fer – – rés.
re – pai – rier des prés.

No 9

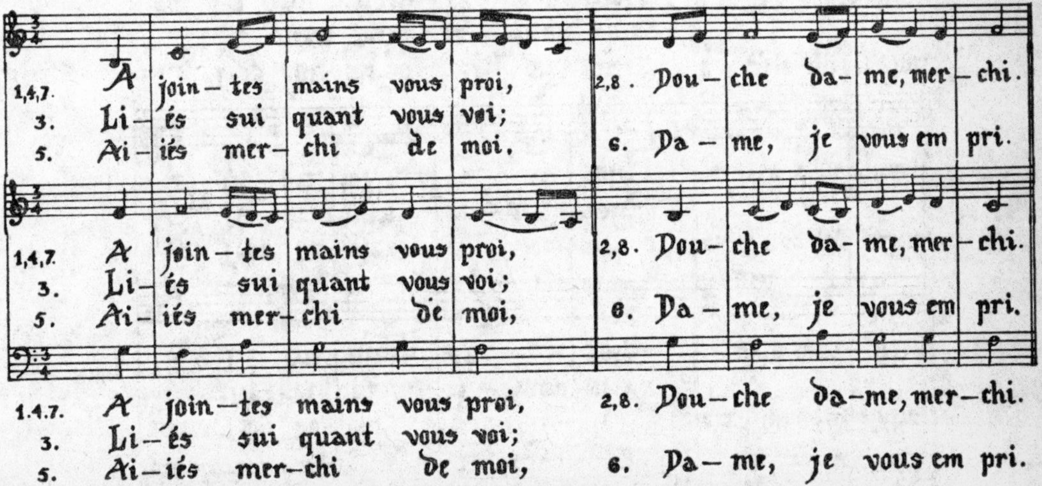
1,4,7. A join-tes mains vous proi,
3. Li-és sui quant vous voi;
5. Ai-iés mer-chi de moi,
2,8. Dou-che da-me, mer-chi.
6. Da-me, je vous em pri.
1,4,7. A join-tes mains vous proi,
3. Li-és sui quant vous voi;
5. Ai-iés mer-chi de moi,
2,8. Dou-che da-me, mer-chi.
6. Da-me, je vous em pri.
1.4.7. A join-tes mains vous proi,
3. Li-és sui quant vous voi;
5. Ai-iés mer-chi de moi,
2,8. Dou-che da-me, mer-chi.
6. Da-me, je vous em pri.

No 12

1.4.7. Trop de—sir a vë—oir 2.8, Che que j'aim.
3. Ne m'en puis re—mou—voir.
5. Et au main et au soir 6. Me com—plain.

1.4.7. Trop de—sir a vë—oir 2.8, Che que j'aim.
3. Ne m'en puis re—mou—voir.
5. Et au main et au soir 6. Me com—plain

1.4.7. Trop de—sir a vë—oir 2.8, Che que j'aim.
3. Ne m'en puis re—mou—voir.
5. Et au main et au soir 6. Me com—plain:

ANNEXES

NOTES

Pièce II. 42. *Noblet*, destinataire de trois chansons de Gace, est, selon Petersen Dyggve (éd. cit. 45-53), Guillaume de Garlande V, seigneur de Livry.

43-44. Ces vers sont très proches des vv. 48-49 de la chanson de Jaufré Rudel, *Lanquan li jorn son lonc en mai : qu'enaissi'm fadet mos pairis/Qu'ieu amès et non fos amatz* (car mon parrain m'a condamné à aimer sans être aimé) (texte et traduction P. Bec, *Anthologie, ouvr. cit.* p. 84-85).

Pièce IV. 49-50. *Hüet*, destinataire de la chanson, n'a pas été identifié de façon sûre. *Bertrée* est ici le *senhal* de la femme aimée.

Pièce VIII. 43. *Fins amorox*, que nous avons traduit par « l'amant sincère », est le *senhal* du destinataire de la pièce.

45. Les « deux qui ont tant aimé » seraient, selon Petersen Dyggve, Gautier et Huon de Saint-Denis-lès-Rebais.

Pièce IX. 49. *Guillot*, intermédiaire entre Gace et le comte, n'a pas été identifié. Le comte pourrait être Geoffroy II de Bretagne, fils d'Henri II Plantagenêt et d'Aliénor d'Aquitaine, chez qui, selon notre pièce VI, str. I, Gace aurait séjourné.

Pièce XIV. 22-24. La croyance dont Conon se fait l'écho se retrouve notamment dans le *Livre du Trésor* de Brunetto Latini, trad. G. Bianciotto, *Bestiaires du Moyen Age*, Stock Plus, p. 234).

Pièce XVI. Str. I. Selon la tradition recueillie, entre autres, dans les Bestiaires médiévaux, les chasseurs ne peuvent capturer la licorne que lorsqu'elle tombe évanouie sur le sein d'une vierge (voir Brunetto Latini, *Le Livre du Trésor, trad. cit.* p. 239).

Str. III. Ce type d'allégorie se trouve abondamment représenté dans le *Roman de la Rose* de Guillaume de Lorris dans lequel *Biau Senblant* et *Biautez* sont les noms des flèches de l'Amour tandis que *Dangier* est, selon le glossaire de l'éd. F. Lecoy (Paris, Champion, *CFMA*, t. III, 1970, p. 197) « la personnification d'un sentiment qui est à la fois pudeur, retenue et dignité ».

Pièce XVIII. 25. Sur la légende du phénix, très généralement symbole du Christ dans la littérature et la pensée du Moyen Age, on pourra lire, entre autres textes, celui du *Bestiaire* de Pierre de Beauvais, du *Bestiaire divin* de Guillaume le Clerc de Normandie ou du *Livre du Trésor* dans *Bestiaires du Moyen Age, ouvr. cit.* pp. 30, 79, 204.

Pièce XX. 12. Les amours tragiques de Pyrame et de Thisbé, contées par Ovide (*Métamorphoses* IV, 55-166) étaient bien connues du Moyen Age comme l'atteste par exemple le court récit du XIIe s. intitulé *Piramus et Tisbé* (éd. C. de Boer, Paris, Champion, *CFMA*, 1965).

31. Écho, peut-être, du texte de saint Paul, *I Thimothée* 4 1 : « l'Esprit le dit expressément : dans les derniers temps, certains renieront la foi, s'attacheront à des esprits séducteurs et à des doctrines inspirées par les démons » etc.

41. *Aygle, senhal,* sans doute, de la dame aimée, ne se retrouve pas ailleurs dans les poésies de Thibaut.

Pièce XXI. Str. I. Cette strophe reprend en la développant la Str. I de la chanson I (éd. Wallensköld) de Conon de Béthune : *Chançon legiere a entendre / Ferai, car bien m'est mestiers / Ke chascuns le puist aprendre / Et c'on le chant volentiers; / Ne par autres messaigiers / N'iert ja ma dolors mostree / A la millor ki soit nee.*

22-24. L'image, assez fréquente dans la littérature médiévale pour signifier un nombre infini, peut être rapprochée des vv. de Dante, *Paradis* XXVIII, vv. 92-93 où il est dit des anges « à mil pour un leurs feux passent le nombre / des grains qui vont doublant sur l'échiquier » (trad. A. Pézard,

Pléiade; voir également *ibid.*, la note au v. 93 sur l'origine orientale de la comparaison).

Pièce XXII. v. 1. *Romanie* désigne, dans la langue médiévale, le royaume latin de Jérusalem.

Pièce XXV. Comme l'indique le v. 3 ce double adieu à l'amour et à l'écriture qui paraît être l'écho d'un événement réel (la mort de la femme aimée en l'absence forcée de son amant) est une *contrafacture* anonyme de la chanson du Châtelain de Coucy, *A vous amant, plus k'a nulle autre gent.*

24. *Ais* désigne ici Aix-la-Chapelle et l'Empire d'Allemagne.

Pièce XXVIII. Aux vv. 63, 71 et 72 *Gilon* (Gilles) et *Jehan,* qui jouent le rôle d'arbitre sont respectivement Gilles le Vinier, frère de Guillaume, et, peut-être, le comte Jean de Braine.

Pièce XXIX. 39-40. Le *Marchis* et le *Barrois* seraient, selon l'éditeur, deux personnages importants de la fin du XIIᵉ siècle, le Marquis Boniface de Monferrat, protecteur des troubadours, qui joua un rôle important dans la quatrième croisade et Guillaume des Barres, chevalier réputé pour sa force, qui triompha de Richart Cœur de Lion dans un combat singulier.

Pièce XXXVI. 32. Le texte d'*Esaïe* (*11*, 1-2) souvent allégué, et qui est à l'origine notamment du motif iconographique de l'Arbre de Jessé est : « Un rameau sortira de la bouche de Jessé, un rejeton jaillira de ses racines. Sur lui reposera l'Esprit du Seigneur. »

Pièce XXXVII. 13. *conduit* désigne au Moyen Age un chant polyphonique, accompagnant généralement une procession. Il se distingue de l'organum par le fait que la voix de *tenor* n'est pas liturgique mais composée librement.

Pièces XXXVIII et XXXIX : Ces deux pièces sont des *contrafactures* de chansons de Gace Brulé (nᵒˢ IV et VIII).

Aux vv. 21-22 de XXVIII, le jeu de mots qui inverse EVA en AVE est traditionnel au Moyen Age pour signifier comment l'humanité, vouée au péché par Eva sera sauvée par sa figure inversée, la Vierge Marie (*Ave* étant le premier mot

432

de la salutation de l'ange Gabriel à Marie lors de l'Annonciation).

Pièce XLI. Dans les Bestiaires du Moyen Age, la panthère qui attire les autres animaux par l'odeur suave qui sort de sa bouche signifie le Christ qui attire à lui la race humaine. Il y a donc ici une sorte d'extrapolation de l'allégorie à la Vierge.

. 26. Toujours selon les Bestiaires, le tigre, lorsqu'il se voit dans un miroir, croit voir ses petits et ne peut se détacher de cette image. Mais il faut ici comprendre que la beauté de la Vierge, si on peut l'entrevoir, exerce le même fascinant pouvoir.

Pièce XLII. Jacque de Cambrai, dont nous avons conservé deux autres pièces, a dû vivre vers la fin du XIII⁰ siècle. 1. La rotrouenge, genre peut-être ancien ou archaïsant comme la chanson de toile, se définit surtout par sa structure musicale. A la différence de la chanson, la strophe de la rotrouenge est une simple succession de vers que clôt généralement un refrain. Les thèmes de la rotrouenge sont extrêmement divers.

9. Sur la référence à *Esaïe*, voir note à la pièce XXXVI.

Pièce XLIII. Cette pièce de la fin du XIII⁰ siècle est attribuée par l'unique ms. qui nous l'a conservée à Guillaume de Béthune, non autrement connu. C'est une *contrafacture* d'une chanson d'amour attribuée à Jean le Petit, un contemporain d'Adam de la Halle. Elle développe un thème que l'on retrouve souvent dans l'iconographie, celui du Pressoir mystique (voir *Esaïe 63, 3*).

Pièce XLIV. *Chevalier mult estes guariz* est la plus ancienne chanson de croisade en langue d'oïl qui nous ait été conservée. Écrite en forme de rotrouenge (voir note à XLII), mutilée aux strophes V et VI, elle nous est parvenue dans un ms. unique. Elle a été écrite après la chute d'Edesse (en arabe Er-Rohais d'où le *Rohais* du v. 13) prise le jour de Noël 1144 par Zenghi, le *Sanguin* du v. 42. Cette chanson est sans doute contemporaine de la prédication de saint Bernard à Vézelay pour la deuxième croisade (Pâques 1146) et antérieure au départ du roi Louis VII (juin 1147) pour la Terre Sainte. Au

v. 41, *Chanaleus* est une déformation du latin Chananaeus, Chananéen, terme qui désigne dans la langue médiévale les païens, les sarrasins. L'allusion au tombeau de Moïse renvoie à *Deutéronome 34*, 5-6 : « Et Moïse, le serviteur du Seigneur, mourut là, au pays de Moab... et personne jamais n'a connu son tombeau jusqu'à ce jour. » Quant à la verge de Moïse, elle se trouvait sans doute à Constantinople à cette époque. Après la prise de la ville par les Francs, en 1204, elle fut conservée dans la cathédrale de Soissons...

Pièce XLVII. Cette chanson a sans doute été composée avant la troisième croisade (1189-1193) à laquelle Conon prit part mais dont il revint, semble-t-il, dès 1189.

Pièce XLVIII. Cette chanson, qui unit la thématique de la chanson de femme à celle de la chanson de croisade, est attribuée par le ms. *M* à Guiot de Dijon dont l'activité poétique se situe dans la première moitié du XIIIe siècle. La strophe IV est très proche de la première strophe d'une chanson de Bernart de Ventadour : *Quan la doussa aura venta*.

Pièce XLIX. La chanson de Thibaut a dû être composée entre 1235 (prise de croix de Thibaut) et août 1239, date de son départ de Marseille pour la Terre Sainte.

Pièce LII. 23. *Citoler* signifie « jouer de la citole », instrument de musique à corps allongé, à manche très court, dont on pinçait les cordes avec le plectre.

Pièce LIII. Comme le signale J. Bédier, *éd. cit.* p. 43, *muse* ou *musette* désigne en ancien français une cornemuse. Or, dans cette reverdie, le trouvère joue de la vielle et *muse* semble désigner une chanson (dont les deux premiers vers sont inclus dans le texte : vv. 24-25). Il est également certain que Colin Muset joue ici sur son propre nom – *muset* signifie musaraigne – et sur les résonances du verbe *muser* au sens de flâner, profiter de la bonne vie. Toujours selon J. Bédier, l'ensemble de la chanson raconterait en fait dans quelles heureuses circonstances et pour l'amour de quelle belle jeune fille a été composée la chanson (le *muset*?) insérée dans le texte. Cette pièce, fondée sur le thème de la rencontre amoureuse dans un verger, est généralement classée parmi les reverdies.

Pièces LXIII. Des trois manuscrits qui donnent cette chanson, deux s'arrêtent à la strophe IX incluse, avec le départ de la jeune femme. Il se peut donc que la fin heureuse que donne le seul ms. *M* ait été ajoutée par un remanieur et ne soit pas d'Audefroi le Bastard.

Pièce LXIV. Cette courte pièce où s'entrecroisent les thématiques de la chanson de toile et de la pastourelle a, dans sa simplicité et la ternarité de son organisation, des aspects populaires. Elle a été suffisamment répandue, au XIII⁰ siècle, pour former un motet polyphonique. Le compositeur ne s'est pas contenté, comme à l'accoutumée, de prendre un vers ou un demi-vers et de l'inclure dans une des voix du motet. Ici, chaque voix est constituée entièrement par l'une des strophes de la chanson, les trois sœurs chantant simultanément leur couplet.

Pièce LXIX. Les quatre derniers vers des trois strophes de cette pastourelle sont formés de refrains ailleurs attestés. Les vv. 11-12, 27-28, 43-44, qui font partie du dialogue entre le clerc et la bergère, forment une sorte de transition dans la mesure où, sans être de véritables citations, ils sont en quelque sorte des adaptations libres de refrains. Ainsi des vv. 27-28 qui évoquent le refrain : *Bien doit quellir violete / Qui par amours aime.*

Pièce LXXX. Dans cette pièce, le premier vers de chaque strophe reprend à la suite les cinq vers d'un des nombreux rondeaux sur le thème de Bele Aélis (voir notre pièce n⁰ LXXI). Les vers suivants sont composés d'un développement narratif dû à l'auteur, entrecoupé de refrains indépendants. On peut supposer – telle était du moins l'hypothèse de J. Bédier – que cette pièce est une *balerie* à la fois chantée et mimée. Mais la répartition des acteurs et des chanteurs entre les premiers vers, les développements narratifs et les refrains reste impossible à préciser.

RÉFÉRENCES

La première réflexion sur la poésie lyrique médiévale, celle qui reste la référence maîtresse et l'indispensable lecture, est celle de Dante, au livre II du *De Vulgari Eloquentia*. On peut lire ces pages dans la traduction d'A. Pézard, Dante, Œuvres complètes, La Pléiade.

TEXTES DES TROUVÈRES

CHANSONNIERS

Les chansonniers que nous avons principalement consultés sont :

le ms. Arsenal 5198	ms *K*
le ms. Paris, B.N. 844	ms *M*
846	ms *O*
20050	ms *U*
24406	ms *V*
le ms. Oxford, Bodl. Douce 308	ms *I*

AUTEURS

Blondel de Nesle, éd. L. Wiese, Dresde, 1904.
Gace Brulé, éd. H. Petersen Dyggve, Helsinki, 1951.

Gautier de Dargies, éd. G. Huet, Paris *SATF*, 1912.

Le Vidame de Chartres, éd. H. Petersen Dyggve dans *Neuphilologus des Mittelalters*, XLVI, 1945.

Le Châtelain de Coucy, éd. A. Lerond, Paris, 1964.

Conon de Béthune, éd. Wallensköld, Paris, *CFMA*, 1921.

Richart de Semilli, éd. G. Steffens dans *Mélanges Foerster* Halle, 1901.

Thibaut de Champagne, éd. A. Wallensköld, Paris, *SATF*, 1925.

Raoul de Soissons, éd. E. Winkler, Halle, 1914.

Colin Muset, éd. J. Bédier, Paris, *CFMA*, 2e éd. 1969.

Jacques d'Autun, éd. A. Langförs dans *Romania*, t. LVIII, 1932.

Gautier de Coincy, éd. V. F. Kœnig des *Miracles de Notre Dame*, 4 vol., Genève, Droz, 1966 et 1970.

Guillaume le Vinier, éd. Ph. Ménard, Genève, Droz, 1970.

Guiot de Dijon, éd. E. Nissen, Paris, *CFMA*, 1928.

Audefroi le Bastard, éd. A. Cullmann, Halle, 1914.

Baude de la Quarière, *La chanson de Belle Aélis*, éd. R. Meyer, J. Bédier, P. Aubry, Paris, 1904.

Adam de la Halle, *The lyric works of Adam de la Halle*, éd. N. E. Wilkins dans *Corpus mensurabilis musicae*, vol. 44, American Institute of Musicology, 1967.

CHANSONS ANONYMES

Pour établir les textes des chansons anonymes, nous avons consulté et/ou utilisé les éditions et ouvrages suivants :

K. Bartsch, *Romances et pastourelles françaises des XIIe et XIIIe siècles*, Leipzig, 1870, Slatkine Reprints, Genève, 1973.

P. Bec, *La lyrique française du Moyen Age*, Paris, Picard 1978. Vol. 2 : Textes.

J. Bédier et P. Aubry, *Les chansons de croisade*, Paris, 1909.

T. Fotitch et R. Steiner, *Les Lais du roman de Tristan en prose*, d'après le manuscrit de Vienne 2542, édition critique par T. Fotitch, partie musicale par R. Steiner, Fink, Munich, 1974.

Fr. Gennrich, *Rondeaux, virelais und Balladen*, 2 vol, Dresde 1921 et 1927 (*G.R.L.* n° 43 et 47).

E. Järnström, *Recueil de chansons pieuses du XIII*, I., Helsingfors, 1910.

– et A. Langfors, *Recueil de chansons pieuses du XIII*ᵉ s., II, Helsinki, 1927.

F. Lecoy, éd. de *Le Roman de la Rose ou de Guillaume de Dole*, Paris, 1962 *(CFMA)*.

J.-Cl. Rivière, *Pastourelles, Introduction à l'étude formelle des pastourelles anonymes françaises des XII*ᵉ *et XIII*ᵉ *siècles*, 3 vol. Genève, Droz, 1974, 1975, 1976.

H. Spanke, *Eine altfranzösische Liedersammlung. Der anonyme Teil der Liederhandschriften K, N, P, X*, Halle, 1925.

W. O. Streng-Renkonen, *Les estampies françaises*, Paris, *CFMA* 1930.

M. Tyssens, *An avril au tens pascour* dans *Mélanges Jean Boutière*, 1971, vol. I, pp. 589-603.

N. Van den Boogaard, *Rondeaux et refrains du XII*ᵉ *au début du XIV*ᵉ *siècle*, Paris, 1969.

M. Zink, *Belle, Essai sur les chansons de toile suivi d'une édition et d'une traduction. Transcriptions musicales de G. Le Vot*, Paris, Champion, 1978.

ANTHOLOGIES

Parmi les anthologies récentes et outre le recueil de P. Bec cité ci-dessus, on peut consulter

– pour les trouvères :

S. N. Rosenberg et H. Tischler, *Chanter m'estuet, Songs of the trouvères*, Londres-Boston, Faber Music Ltd, 1981, XLVII-560 pp.

G. Toja, *Lirica cortese d'oïl, sec. XII-XIII*, Bologne, 2ᵉ éd. 1976.

438

— pour les troubadours :

P. Bec, *Anthologie des Troubadours*, Paris, 10/18, 1979.

J. Roubaud, *Les Troubadours*, Paris, Seghers, 1971.

ÉTUDES

P. Bec, *La lyrique française au Moyen Age (XIIᵉ-XIIIᵉ siècles), contribution à une typologie des genres poétiques médiévaux*, Paris, Picard 1977, vol. 1 : Études.

R. Dragonetti, *La technique poétique des trouvères dans la chanson courtoise, contribution à l'étude de la rhétorique médiévale*, Bruges, 1960.

— *Le Gai savoir dans la rhétorique courtoise, Flamenca et Joufroi de Poitiers*, Paris, Éd. du Seuil, 1982.

R. Guiette, *D'une poésie formelle en France au Moyen Age* dans *Questions de littérature*, Gand 1960, rééd. Paris, Nizet, 1972.

A. Jeanroy, *Les origines de la poésie lyrique en France au Moyen Age. Études de littérature française et comparée*, Paris 1889, 3ᵉ éd. 1925.

G. Zaganelli, *Aimer, Sofrir, Joïr*, La Nuova Italia, Florence 1982.

M. Zink, *La Pastourelle, poésie et folklore au Moyen Age*, Paris, Bordas, 1972.

— *Belle, Essai sur les chansons de toile suivi d'une édition et d'une traduction. Transcriptions musicales de G. Le Vot*, Paris, Champion, 1978.

P. Zumthor, *Langue et techniques poétiques à l'époque romane*, Paris, Klincksieck, 1963.

— *Essai de Poétique médiévale*, Paris, Éd. du Seuil, 1972.

Tous les ouvrages cités comportent d'importantes bibliographies auxquelles nous renvoyons éventuellement le lecteur.

On peut également consulter : R. W. Linker, *A Bibliography of old French Lyrics*, Univ. Mississippi, Romance Monographs, Inc. 1979.

ÉDITION DES TEXTES MUSICAUX

Aux études précitées, il faut ajouter :

G. Le Vot, *Pour une épistémologie de l'édition musicale du texte lyrique français médiéval* dans *Actes Table ronde de Paléographie musicale,* Orléans, 6-7 sept. 1982, IRHT (à paraître en 1983).

J. Maillard,

— *Évolution et esthétique du lai lyrique des origines à la fin du XIVe siècle,* Paris, CDU, 1963.

— *Lais avec notation dans le Tristan en prose* dans *Mélanges R. Lejeune,* Liège, 1969, pp. 1347-64.

H. J. Van der Werf, *The chansons of the troubadours and trouvères. A study of the melodies and their relation to the poems,* Utrecht 1972.

— *Trouveres Melodien,* Kassel, Bâle, Tours, Londres, 1977, 1979.

TABLE

I. A VOUS, AMANT,
PLUS K'A NULLE AUTRE GENT

441

III. EN UN VERGIER, LEZ UNE FONTENELE

IV. MAIN SE LEVA LA BIEN FAITE AELIS

LA COMPOSITION, L'IMPRESSION ET LE BROCHAGE DE CE LIVRE
ONT ÉTÉ EFFECTUÉS PAR LA SOCIÉTÉ NOUVELLE FIRMIN-DIDOT
POUR LE COMPTE DES ÉDITIONS U.G.E. 10/18
SEPTEMBRE 1992

Imprimé en France
Dépôt légal : septembre 1983
N° d'édition : 1442 – N° d'impression : 21842
Nouveau tirage : septembre 1992